JN042597

「みんな違ってみんないい」のか？
相対主義と普遍主義の問題

山口裕之 Yamaguchi Hiroyuki

★──ちくまプリマー新書

405

はじめに

昨今、「正しさは人それぞれ」とか「みんなちがってみんないい」といった言葉や、「現代社会では価値観が多様化している」「価値観が違う人とは結局のところわかりあえない」といった言葉が流布しています。このような、「人や文化によって価値観が異なり、それぞれの価値観には優劣がつけられない」という考え方を**相対主義**といいます。「正しさは人それぞれ」ならまだしも、「絶対正しいことなんてない」とか、「何が正しいかなんて誰にも決められない」といったことさえ主張する人もけっこういます。

こうしたことを主張する人たちは、おそらく多様な他者や他文化を尊重しようと思っているのでしょう。そういう善意はよいものではありますが、はたして「正しさは人それぞれ」や「みんなちがってみんないい」という主張は、本当に多様な他者を尊重することにつながるのでしょうか。そもそも、「正しさ」を各人が勝手に決めてよいものなのか。それに、人間は本当にそれほど違っているのかも疑問です。

たしかに、価値観の異なる人と接触することがなかったり、異なっていても両立できるような価値観の場合には、「正しさは人それぞれ」と言っていても大きな問題は生じません。たとえば、訪ねることも難しい国の人たちがどのような価値観によって生活していても、自分には関係がありません。またたとえば、野球が好きな人とサッカーが好きな人は、スポーツのネタでは話が合わないかもしれませんが、好きなスポーツの話さえしなければ仲良くできるでしょう。サッカーが好きなのは間違っていて、すべての人は野球が好きでなければならない、なんていうことはありません。

こうした場面では、「人それぞれ」「みんなちがってみんないい」でよいでしょう。しかし、**世の中には、両立しない意見の中から、どうにかして一つに決めなければならない場合があります**。たとえば、「日本の経済発展のためには原子力発電所が必要だ」という意見と、「事故が起こった場合の被害が大きすぎるので、原子力発電所は廃止すべきだ」という意見とは、両立しません。どちらの意見にももっともな点があるかもしれませんが、日本全体の方針を決めるときには、どちらか一つを選ばなければなりません。原子力発電所を維持するのであれば、廃止した場合のメリットは捨てなければなりません。逆もまたしかり。「みんなちがってみんないい」というわけにはいかないのです。

そんなときには、どうすればよいでしょうか。「価値観が違う人とはわかりあえない」のであれば、どうすればよいのでしょうか。

そうした場合、現実の世界では権力を持つ人の考えが通ってしまいます。本来、政治とは、意見や利害が対立したときに妥協点や合意点を見つけだすためのはたらきなのですが、最近は、日本でもアメリカでもその他の国々でも、権力者が力任せに自分の考えを実行に移すことが増えています。批判に対してきちんと正面から答えず、単に自分の考えを何度も繰り返したり、論点をずらしてはぐらかしたり、権力を振りかざして脅したりします。

そうした態度を批判するつもりで「正しさは人それぞれだ」とか「みんなちがってみんないい」などと主張したら、権力者は大喜びでしょう。なぜなら、もしもさまざまな意見が「みんなちがってみんないい」のであれば、つまりさまざまな意見の正しさに差がないとするなら、選択は力任せに行うしかないからです。「絶対正しいことなんてない」とか「何が正しいかなんて誰にも決められない」というのであればなおさらです。決定は正しさにもとづいてではなく、人それぞれの主観的な信念にもとづいて行うしかない。それに納得できない人とは話し合っても無駄だから権力で強制するしかない。こういうことになってしまいます。

つまり、**「正しさは人それぞれ」や「みんなちがってみんないい」といった主張は、多様**

性を尊重するどころか、異なる見解を、権力者の主観によって力任せに切り捨てることを正当化することにつながってしまうのです。これでは結局、「力こそが正義」という、困った世の中になってしまいます。それは、権力など持たない大多数の人々（おそらく、この本を読んでくれているみなさんの大部分）の意見が無視される社会です。

では、どうしたらよいのでしょうか。

よくある答えは、「科学的に判断するべきだ」ということです。科学は、「客観的に正しい答え」を教えてくれると多くの人は考えています。このように、さまざまな問題について「客観的で正しい答えがある」という考え方を、**普遍主義**といいます。探偵マンガの主人公風に言えば、「真実は一つ！」という考え方だといってもよいかもしれません。先ほどの相対主義と反対の意味の言葉です。「価値観が多様化している」と主張する人たちでも、科学については普遍主義的な考えを持っている人が多いでしょう。「科学は人それぞれ」などという言葉はほとんど聞くことがありません。

そして実際、日本を含めてほとんどの国の政府は、政策を決めるにあたって科学者の意見を聞くための機関や制度を持っています。日本であれば、各省庁の審議会（専門家の委員会）や日本学術会議などです。「日本の経済発展のために原子力発電所は必要なのか」「どれぐらいの確率で事故が起こるのか、事故が起こったらどれぐらいの被害が出るのか」といった問題について、科学者たちは「客観的で正しい答え」を教えてくれそうに思えます。

ところが、実は科学は一枚岩ではないのです。科学者の中にも、さまざまな立場や説を取っている人がいます。そうした**多数の科学者が論争する中で、「より正しそうな答え」を決めていくのが科学**なのです。それゆえ、「科学者であればほぼ全員が賛成している答え」ができあがるには時間がかかります。みなさんが中学や高校で習うニュートン物理学は、いまから三〇〇年以上も昔の一七世紀末に提唱されたものです。アインシュタインの相対性理論や量子力学は「現代物理学」と言われますが、提唱されたのは一〇〇年前（二〇世紀初頭）です。現在の物理学では、相対性理論と量子力学を統一する理論が探求されていますが、それについては合意がなされていません。合意がなされていないからこそ、研究が進められているのです。

最先端の研究をしている科学者は、それぞれ自分が正しいと考える仮説を正当化するために、実験をしたり計算をしたりしています。つまり、科学者に「客観的で正しい答え」を聞いても、何十年も前に合意が形成されて研究が終了したことについては教えてくれますが、まさしく今現在問題になっていることについては、「自分が正しいと考える答え」しか教えてくれないのです。ある意味では、「科学は人それぞれ」なのです。

そこで、たくさんの科学者の中から、自分の意見と一致する立場をとっている科学者だけを集めることが可能になります。東日本大震災で福島第一原発が爆発事故を起こす前までは、日本政府は「原子力推進派」の学者の意見ばかりを聞いていました（最近また、そういう時代に逆戻りしつつあるような気がしますが）。アメリカでも、トランプ大統領（在任二〇一七〜二〇二一）は地球温暖化に懐疑的な学者ばかりを集めて「地球温暖化はウソだ」と主張し、経済活動を優先するために二酸化炭素の排出の規制を緩和しました。

権力を持つ人たちは、もっと直接的に科学者をコントロールすることもできます。現代社会において科学研究の主要な財源は国家予算です。そこで、政府の立場と一致する主張をしている科学者には研究予算を支給し、そうでない科学者には支給しないようにすれば、政府の立場を補強するような研究ばかりが行われることになりかねません。

このように考えてくると、科学者であっても、現時点で問題になっているような事柄について、「客観的で正しい答え」を教えてくれるものではなさそうです。ではどうしたらよいのでしょうか。自分の頭で考える？　どうやって？

この本では、「正しさ」とは何か、それはどのようにして作られていくものなのかを考えます。そうした考察を踏まえて、多様な他者と理解し合うためにはどうすればよいのかについて考えます。ここであらかじめ結論だけ述べておけば、私は、「正しさは人それぞれ」でも「真実は一つ」でもなく、人間の生物学的特性を前提としながら、人間と世界の関係や人間同士の間の関係の中で、**いわば共同作業によって「正しさ」というものが作られていく**のだと考えています。それゆえ、多様な他者と理解し合うということは、かれらとともに「正しさ」を作っていくということです。

これは、「正しさは人それぞれ」とか「みんなちがってみんないい」といったお決まりの簡便な一言を吐けば済んでしまうような安易な道ではありません。これらの言葉は、言ってみれば相手と関わらないで済ますための最後通牒《つうちょう》です。みなさんが意見を異にする人と話し合った結果、「結局、わかりあえないな」と思ったときに、このように言うでしょう。「まあ、人それぞれだからね」。対話はここで終了です。

ともに「正しさ」を作っていくということは、そこで終了せずに踏みとどまり、とことん相手と付き合うという面倒な作業です。相手の言い分を受け入れて自分の考えを変えなければならないこともあるでしょう。それでプライドが傷つくかもしれません。しかし、傷つくことを嫌がっていては、新たな「正しさ」を知って成長していくことはできません。

最近、「正しさは人それぞれ」と並んで、「どんなことでも感じ方しだい」とか「心を傷つけてはいけない」といった感情尊重の風潮も広まっています。しかし、学び成長するとは、今の自分を否定して、今の自分でないものになるということです。これはたいへんに苦しい、ときに心の傷つく作業です。あえていえば、成長するためには傷ついてナンボです。若いみなさんには、傷つくことを恐れずに成長の道を進んでほしいと思います（などと言うのは説教くさくて気が引けますが）。

この本の構成を簡単に予告しておきます。第1章では、「正しさは人それぞれ」といった相対主義的な主張が、いつ頃から、どうして広まったのかを概観します。もともと、西洋文明は普遍性を偏重する文明でした。ところが、第一次世界大戦後あたりから、「普遍的な真理」を疑問視する見方が広がります。それが近年の「正しさは人それぞれ」論へとつながっていく流れをたどります。

第2章では、二〇世紀半ばの言語学や文化人類学を取り上げ、「言語が異なると世界の見え方が異なる」とか「結局のところ異なる文化を理解することはできない」といった俗説が誤りであることを見ます。「世界の見え方」は言語ではなく感覚器官や脳の仕組みによって決まるものですし、文化が違っても人間には共通する部分が多いのです。「正しさは人それぞれ」以前に、人はそれほど異なっていないということです。

そうした議論を踏まえて、第3章と第4章で、「正しさ」がどのように作られるのかを検討します。ここが難しいところですが、人はそれほど異なっていないからといって、そうした現実の人間のあり方が「正しい」というわけではありません。たとえば、世界中のほとんどの文化圏において、おとなの男性が政治的に優位な位置を占める傾向があることが知られています。これには何らかの生物学的な理由があると考えられますが、だからといって「女性が政治に関わることは間違っている」などということはありません。人間は、生物学的な特性によって身動きが取れないほど縛られているのではなく、それを前提としながらも自分たちで「正しさ」を作っていくことができるのです。

ひとくちに「正しさ」といっても多義的ですが、大きくいうと「道徳的な正しさ」と「事実認識の正しさ」という二つの場合があります。第3章では道徳的な正しさについて、第4章では事実認識の正しさについて考えます。

このように考えを積み重ねていくことで、「正しさは人それぞれ」といって他人との関係を切り捨てるのでも、「真実は一つ」といって自分と異なる考えを否定するのでもないような態度を作っていくためにはどうすればよいのかを考えていきたいと思います。多くの人は、「人それぞれ」の相対主義か「真実は一つ」の普遍主義かという二者択一に陥りがちですが、相対主義も普遍主義も相手のことをよく理解しようとしない点では似たようなものです。私たちは相対主義と普遍主義の間の道を、どちらかに落っこちないように気をつけながら進まなくてはなりません。

目次 ＊ Contents

第3章 「道徳的な正しさ」を人それぞれで勝手に決めてはならない

第1章　「人それぞれ」論はどこからきたのか

普遍性を偏重する西洋文明

「正しさは人それぞれ」や「みんなちがってみんないい」といった相対主義的な考え方は、いつ頃どうして生まれたのでしょうか。

そもそも西洋文明は、多様性や個別性よりは普遍性を偏重する文明です。それには、プラトン（紀元前四二七〜三四七）やアリストテレス（紀元前三八四〜三二二）といった古代ギリシアの哲学者の思想が大きな影響を与えています。かれらは、この世の中を移ろいゆくさまざまな現象ではなく、その背後にあって諸現象に共通して当てはまる「普遍的なもの」を探求することこそが学問であると考えました。

たとえばアリストテレスは、真の学問的探究とは諸現象の背後にある原因を明らかにすることだと考えました。そうした原因は、複数の現象を統一的に説明することができる原理だというのです。たとえば彼は、雷鳴について、「雲の中に火が起こり、それが消えるときの音だ」という説明を試みました。たき火に水をかけると、「ジュ！」という音が出ます。それと同じことが、雲の中で起こっていると考えたのです。

もちろん、こうした説明は現代の視点から見れば素朴すぎるものです。しかし、彼が生きていたのは今から二千数百年前です。その当時は、「雷鳴は神様が怒っている印だ」といった考えの方が主流だったことでしょう。それに対してアリストテレスは、現象の原因を神様などの何だかよくわからないもののせいにするのではなく、「火が消えるときには音が出る」といった観察可能で実験可能なものごとから説明しようとしたのです。そうした態度は現代の科学にもつながります。さまざまな現象を統一的に説明する原理を把握することが重要だというアリストテレスの主張は、さまざまな現象の背後に普遍的な自然法則を探求しようとする現代の科学に、基本的にそのまま受け継がれているといっても過言ではありません。

科学だけではありません。宗教のあり方についても、社会や国家のあり方についても、普遍性を強調するのが西洋文明の特徴です。

西洋の宗教とは、言うまでもなくキリスト教です。その中でも最大の流派はカトリックでしょう。この「カトリック」という言葉の意味をご存知でしょうか。古代ギリシア語の「普遍（カトリコス）」が語源です。キリスト教の母胎はユダヤ教ですが、ユダヤ教はユダヤ人という特定の民族だけの宗教でした。それに対して「カトリック」とは、特定の民族だけでなく、誰しもが信仰するものという意味です。

社会や国家のあり方としては、基本的人権の普遍性を挙げることができます。「自由や平等といった基本的な権利をすべての人間に認めるべきである」ということです。

ただし、すべての人が等しく人権を持つと考えられた根拠は、当初、「神がそれを与えたから」というものでした。つまり、基本的人権は、一七世紀から一八世紀のヨーロッパという特殊な場所・時代の中で考え出されたものです。日本語でも「天賦の人権」などと言います。しかしこれでは、普遍的な（つまり、誰しもが納得するような）説得力を持つどころか、キリスト教という特定の宗教を信仰している人にしか説得力を持たない議論でしょう。

もちろん、このように言ったからといって、私は「すべての人が基本的人権を持つことを認めない」と言いたいのではありません。基本的人権とは、これまでの歴史のなかで、虐げられた人々がみずから闘って手に入れた権利です。黙っていても神様が保障してくれるものではありません。それゆえにこそ、私たちは不断の努力によってそれを守らなければならないのです。

いささか脱線しましたが、要するに、さまざまな事柄について普遍性を探求し、また自分たちが作り出したものこそが普遍的だと考えるのが、西洋文明の特徴だということです。こうした特徴は他の文明ではあまり見られないものですから、単なる「特徴」というよりは「特殊性」と言ったほうがよいかもしれません。**西洋文明は、普遍性を偏重する特殊な文明だ**ということです。

相対主義的な考え方の始まり

一九世紀から二〇世紀初頭にかけて、科学技術による産業革命を成しとげた西洋諸国は、自分たちの文明こそが普遍的な価値を持つと信じ、アフリカやアジアを侵略して植民地にしていきました。文明の発展にも普遍的な段階があり、アフリカやアジアの人々は遅れた文明段階にあるので、西洋の進んだ文明によって支配されることで進歩できるなどと考えられたのです。一九世紀ドイツの哲学者ヘーゲル（一七七〇〜一八三一）は、「西洋における国家は人倫（道徳と法）の最高段階である」とさえ考えました。

しかし二〇世紀初頭、植民地をめぐる争いは、西洋諸国同士の全面衝突を招きます。第一次世界大戦です。「人倫の最高段階」であるはずの国家が、他国民との殺し合いを主導し、多くの自国民を死に追いやったのです。そして、自然の神秘を解き明かし人間精神を豊かにするはずの科学技術は、機関銃や戦車、果ては毒ガスなどの残虐な大量殺人兵器を生みだしました。ヨーロッパは荒廃します。イギリスやフランスなどの戦勝国は戦後処理を決めるパリ講和会議に報復的な態度で臨み、敗北したドイツの領土を奪い、過酷な賠償金を科しました。

こうした成り行きにあって、西洋文明的価値観の普遍性への疑いが生じるのです。

まずは、第一次大戦後のドイツでマルティン・ハイデガー（一八八九〜一九七六）らが唱えた**実存哲学**が流行します。「実存（existence）」とは、「現実存在」の略です。つまり、「現実に存在している」ということですが、要するに「一人ひとりの人間の具体的なあり方」のことだと考えてもらってよいでしょう。

実存哲学のキャッチフレーズは、「実存は本質に先立つ」というものです。これは、ハイデガーの影響を受けたフランスの哲学者ジャン＝ポール・サルトル（一九〇五〜一九八〇）の言葉です。相当するハイデガーの言葉としては、「現存在の本質はその実存にある」などですが、言い回しがいささか難解です（「現存在」とは「そこにあるもの」という意味で、要するに具体的な人間のこと）。

「実存」と対比されている「本質」とは、「それが何であるか」という意味です。たとえば、私やあなたなど具体的な個人は、みな「人間」という種類に属しています。この「人間」が、私やあなたの本質です。

プラトンやアリストテレス以来の西洋哲学は基本的に「本質が実存に先立つ」という立場でした。たとえば、人間は必ず人間から生まれてきます。それはつまり、「人間」という種が個々人に先立って存在しており、個々人は人間という種の一員として生まれてくるということです。犬や猫など、他の生物も同じです。「犬」や「猫」などの普遍的な本質が先にあり、うちのポチや隣のミケなどは、「犬」の一員として、「猫」の一員として生まれてきます。

そして、伝統的な西洋哲学では、具体的な個々人について研究することにはあまり意味がないと考えます。たとえば私を観察してわかることは、身長一六八センチで体重七〇キロほどの、手足の太短い、どちらかというと不細工な男で……といった、知ったからといってどうということはないことばかりです。そのようなことをいくら数え上げても、意味のある知識にはなりません。そうではなくて、「人間」という普遍的なものについて研究しなくてはならない。直立二足歩行をする哺乳動物で、脳が発達しており、言葉を話すなど、人間の普遍的特徴について研究することが意味のある研究だというのが、西洋思想の基本的な考え方です。

実存哲学は、この関係を逆にします。一九二七年にハイデガーが出版した『存在と時間』

（中山元訳、光文社古典新訳文庫など）は、具体的な個々の人間の「実存」を通じて「存在の意味」に迫ろうとする難解な哲学書でしたが、第一次大戦後の混乱がまだ残るドイツで、生きる意味を求める若者たちの熱狂的な支持を集めました。

ハイデガーは、人間とは「世界の中で他人や道具などとともに存在しているもの」だと言います。また人間は、自分がどのような親のもとに、どんな身体を持って、どんな潜在能力を持って生まれてくるかを自分では選べませんし、最後には死んでしまうことを避けることもできません。そういう与えられた条件をもとにしながら、自分の可能性を開花させるために人間は生きています。つまり、人間は与えられた過去を背負い、未来へと向かって行為し、最後に死を迎えるという時間的存在なのです。それゆえ、その人間の本質（その人が何者であるか）は、その死によって存在が完結するときになってはじめて明らかになります。

しかし、自分の生き方について、本当に自分だけで考えるのはたいへんなことです。そこで、ふつうの人間は自分の頭で考えることを避け、世間一般のあり方に従って、いわば「堕落した生」を生きています。そうした堕落した生のあり方を脱して、自分が何者であるかを自分で選んでいくような生き方こそが望ましい。

『存在と時間』はただでさえ難解なうえに、もともとの構想の半分が出版されたところでハイデガーが後半の執筆を断念した未完の書物であるために、どのように解釈するべきかは難しいのですが、私の理解ではおおむねこういう話です。「その他大勢の中に埋没した人間が、本来の自分のあり方に向けて生きることを決断する」などというのはいかにも若者が好みそうな話ですし、また、つねに世間からの同調圧力にさらされている多くの日本人の共感を呼びそうな話でもあります。実際、ハイデガーは日本で最も人気のある哲学者の一人です。

こうして第一次大戦後には、普遍的な真理よりも個人の具体的なあり方を重視しようという思想的な態度が広がります。また、国際政治においても「民族自決」の原則が掲げられ、各民族は文化的・人種的背景を異にするのだから、それぞれに国家をつくる権利があると主張されます。これは、文化的な多様性を認めようという態度の萌芽《ほうが》ともいえます。

とはいえ、第一次大戦は結局のところ西洋諸国同士の争いであり、その戦後も西洋諸国に植民地支配されていた非西洋諸国はやはり低い位置に押しとどめられました。民族自決の権利は西洋諸国にのみ当てはめられたのでした。また、さまざまな民族が入り乱れて住むヨーロッパでは、民族自決の権利は大国の領土拡大の口実として利用されもしました。他国の領内に、大国と同じ言語を話している人たちが居住していた場合、大国がその地域を併合する理由とされたりしました（典型例としてはナチスによるオーストリアやズデーテン地方の併合）。

第一次大戦の戦後処理を話し合うパリ講和会議で、日本政府は「人種差別の撤廃」を国際連盟規約に盛り込むように主張しますが、否決されてしまいます。日本は植民地支配こそ免れていましたが、日本人は非西洋人として差別的な視線を向けられていたのです。実際、その頃のアメリカでは日系移民の排斥運動が吹き荒れていました。

非西洋諸国の価値が見直されるのは、第二次世界大戦後を待たなくてはなりません。第二次世界大戦後には、それまで西洋諸国に支配されていた植民地諸国が独立していきます。その中で、「それぞれの地域の文化や文明には、西洋文明と変わらない価値がある」という主張が力を持ったのです。こうして、西洋文明的な考え方を相対化することが、哲学やその他の学問において盛んになっていきます。

第二次大戦後の文化相対主義

第二次世界大戦の終了から十数年は、ハイデガーの思想を受け継いだサルトルの実存哲学がもてはやされます。「人間は自由であることを宿命づけられており、自分が何者かは自分で作っていくのだ」というのがサルトルの主張です。

一九六〇年代には、それに代わって**構造主義**が一世を風靡《ふうび》します。これは、フランスの人類学者クロード・レヴィ＝ストロース（一九〇八～二〇〇九）や同じくフランスの哲学者ミシェル・フーコー（一九二六～一九八四）に代表される思想です。サルトルは歴史や文化を作っていく人間の自由を強調しましたが、構造主義では逆に歴史や文化の方が人間の行動や考え方を形作っていくのだと考えます。サルトルが個人単位の多様な生き方を強調したのに対し、構造主義は歴史や文化の多様性に焦点を当てたといえるでしょう。その後しばらくは、そうした**文化相対主義**の主張が力を持ちます。

レヴィ＝ストロースは、ブラジルでの先住民の調査の経験をもとに、南北アメリカやオーストラリアなどの先住民の社会における親族関係や神話の物語に、その先住民自身も気づいていないような構造があることを指摘しました。

他方、フーコーはヨーロッパの歴史を研究し、時代によって「知」の構造が異なると論じます。一般に、科学は普遍的な真理を探究するものであり、歴史を通じて一貫して進歩してきたと考えられていますが、実は、何をどんな手段で探求するのが科学的なのかという点についての考えが時代により異なっているということです。

フーコーによると、中世からルネサンスにかけての時代には、この世界におけるさまざまなものの間の類似関係を読み取ることが「知」であるとされていました。たとえば、中世にはトリカブトの実と人間の眼球との類似性が見て取られ、その類似性ゆえにトリカブトは眼病に効くとされたといいます。一七世紀半ばには、それに代わって世界の秩序を体系的な図表に表すことが「知」であるとされるようになる。中世にはトリカブトと眼球など、(私たちから見て)直接関係ないようなもの同士の間にも類似性が見て取られていたが、そうした「何でもあり」の類似性ではなく、植物なら植物同士の類似性と差異にもとづいて分類することが重要だと考えられるようになった。それで、分類学の体系が作られた。一九世紀前後からは、それまでは世界を認識し秩序づける側であった「人間」を研究対象とし、その有限性を明らかにすることが「知」の中心的な課題になった。フーコーはこのように論じます。

同様の主張は、アメリカの科学史家トマス・クーン(一九二二〜一九九六)も行います。クーンは、科学は古い理論体系が新しい理論体系に取って代わられるという、いわば「革命」によって変革されるのだと主張します。科学は「無知な状態」から「真理」へと単純に進歩してきたわけではないというのです。

たとえば、通俗的な科学史の理解では、天動説は間違っていたので、より正しい地動説に取って代わられたと考えます。また、ニュートン物理学の足りない部分を補うことで、アインシュタインの相対性理論が登場したのだと考えます。しかし、実際の歴史において起こっ

プトレマイオスの天動説の体系

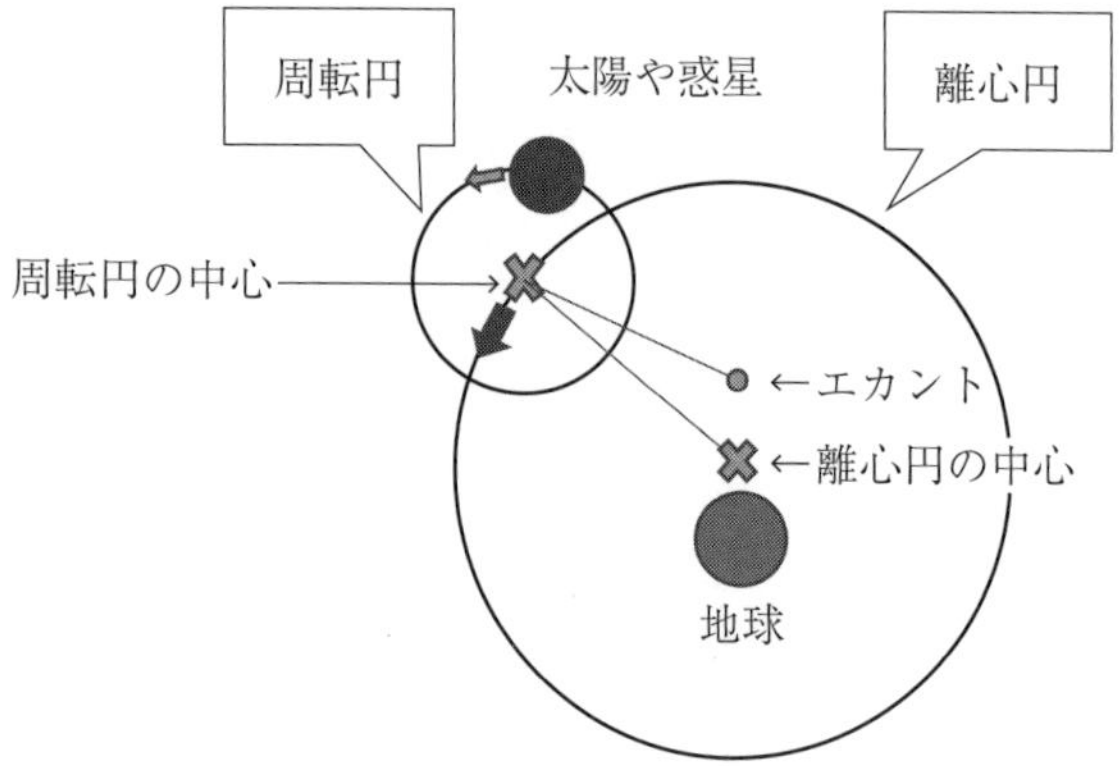

- 太陽や惑星は、離心円上を回る周転円上を回る。
- 離心円の中心は地球から離れている。
- 周転円の中心は「エカント」に対する角速度が一定となるように運動する。
- 「エカント」は離心円の中心に対して地球と対称の位置にある。
- このような複雑な体系によって、天体の運動がかなり正確に再現できる。

✧それに対してコペルニクスの地動説は太陽中心の円軌道という単純なもの。

たことはそれほど単純なことではありません。実際問題、コペルニクスが地動説を唱えた当初、惑星の位置や日食や月食を予測する精度についていえば、天動説の方が圧倒的に正確だったのです。紀元二世紀ごろ、古代ローマの天文学者プトレマイオスが体系化した天動説は、観測されたデータをきわめて精度よく再現する複雑な理論でした（上の図を参照）。

クーンが言うには、天動

説と地動説のどちらが正しいかを、両者から等しく距離を取って客観的に決めることはできません。何が正しいかを決めているのが「理論」というものだからです。たとえば、天動説に立って考えれば、「周転円は地球を中心とする円軌道上を回っている」という説と「離心円上を回っている」という説のどちらが正しいかを、観測データに即して決めることができます（後者の方が正しい）。それに対して、地動説に立てば離心円も周転円も理論に含まれていませんから、そもそもそうした問い自体が成立しません。ある理論体系は、その理論体系に含まれない原理や事実について正しいとも間違っているとも言うことができないのです。

このように考えると、異なった知の体系同士の優劣を比較することはできないということになります。比較する基準がないからです。天動説は間違っているというよりは、地動説の理論体系の中に位置づけることができない別の理論体系だということになります。それゆえ、天動説が否定されたことは実験や理論からの必然的な帰結だったのではなく、天動説は「革命」によって打倒されたのだと考えなくてはなりません。

こうしたクーンの主張は、当初は科学の客観性や真理性を信じる科学者や科学哲学者たちからの反発を買いますが、一九六〇年代以降、構造主義やクーンの科学哲学の影響によって、「正しさは文化や時代によって異なる」とか「正しさは理論体系によって異なる」といった主張が広く支持されるようになっていきます。

なお、こうした文化相対主義的な主張は、「正しさは人それぞれ」（個人単位の相対主義）と同じような主張だとよく誤解されるのですが、両者はまったく異質な考え方です。文化相対主義では、人は文化や社会によって形作られると考えるからです。つまり、ある文化に属する個人はおおむね同じということになります。文化相対主義において、多様性の単位は個人ではなく文化という集団だということです。文化相対主義とは、いわば「正しさは文化それぞれ」という主張だといってもよいでしょう。

「文化それぞれ」から「人それぞれ」への転換

文化相対主義が広がっていった一九六〇年代は、植民地諸国が独立戦争の結果、次々と独立していった時代であり、公民権運動（アメリカにおける黒人の権利運動）やフェミニズム運動（女性の権利運動）、さらには同性愛者の権利運動が盛り上がった時代でもありました。そこにヴェトナム反戦運動も加わります。現在、黒人や女性や同性愛者の権利は認められて当然だということが常識になっていますが、それはこうした運動の成果です。

一九六八年に運動はピークに達し、世界的に学生や市民の大規模な反乱が起こります。とくにフランスでは、「五月革命」と呼ばれるほど激しい運動になりました。日本でも、東京大学の学生たちが安田講堂に立てこもり、それを警察の機動隊が排除する映像をご覧になった方は多いでしょう。

こうした運動の具体的な背景や経緯については多くの文献がありますから、ここでは大きな歴史的な流れだけを述べておきますと、第二次大戦による荒廃からの経済的な復興が進み、市民の生活が改善していくなかで、たとえば「学校で教育を受け、その後は労働者として生活する」とか、「女性であれば家事に専従する」とか、「異性と結婚して子どもを作る」といった、国家や社会が公認する「正しい生き方」にはまらない人たちが、多様な生き方を許容することを求めるようになったのです。つまり、個人を型にはめて作り上げようとする国家や社会に対抗して、個人の生き方の多様性を尊重せよという主張が、このあたりから大きな力を持つようになったということです。

とはいえ、運動の当初は個人単位の多様性を主張するというよりは、集団単位の多様性を主張するものでした。たとえば、公民権運動では、「白人」という集団が優位にある社会に対して「黒人」という集団が異議申し立てを行い、フェミニズム運動では、「男性」という集団が優位にある社会に対して「女性」という集団が異議申し立てを行ったのです。「人それぞれ」の個人個人がバラバラになっていては社会的な力を発揮することができません。社会的・政治的に大きな変革を実現するためには、なるべく多くの人が連帯して大きな集団を作らなければならないのです。

ところが、運動が進展するにしたがって、異議申し立てを行っていた集団内部で、さらなる多様性が発見されていきます。たとえば、女性の権利運動を行っていた「女性」たちの内部で、「黒人女性」たちが「白人女性による支配」を告発しはじめました。さらに、「白人女性」といっても、高所得の人と低所得の人ではやはり立場や利害関係が異なります。また、「異性愛の女性」や「同性愛の女性」などといった点でも、「女性」は多様に分解できてしまいます。こうしてどんどん細かな多様性を見ていくと、最終的には一人ひとりの個別的な人間に至ります。多数派集団（マジョリティ）に抑圧された少数派集団（マイノリティ）の権利を求めることで始まった六〇年代の市民運動は、個人単位の多様性を期せずして発見してしまった、といってもよいかもしれません。

そして、まさにそのために六八年の反乱は崩壊してしまいます。マイノリティの中の、さらに多様な小集団がそれぞれに自己主張を行い、主導権を握ろうと内部で闘争した結果、運動は分裂していったのでした。六八年の反乱は、日本をはじめ多くの国で国家権力によって鎮圧されてしまいますが、その理由は、運動していた集団が自分たちで分裂していったことが大きいでしょう。

こうして、多様性を求める運動は、**どうしたら多様な個々人が抑圧されないようにしながら多数の人たちが連帯できるのか**という大きな課題を積み残したまま終息しました。もちろん、運動は無駄だったのではなく、黒人や女性や同性愛者などマイノリティの権利を認めるべきだという考えは、社会に広く浸透することになりました。

運動が積み残した課題を引き受けたのが、いわゆる「フランス現代思想」の哲学者たちです。日本でも、一九八〇年代にジャック・デリダ（一九三〇〜二〇〇四）やジル・ドゥルーズ（一九二五〜一九九五）といった哲学者たちの思想が大流行します。

かれらの思想は、六八年の「五月革命」に影響を受け、西洋文明の普遍主義を批判して「絶対的な正しさ」を否定しようとするものでした。しかし、それと同時に、どうすれば多様な人間が多様なままで連帯できるのかということも、大きな課題でした。どちらかというと、こちらの課題の方が重要だったのではないかと思います。

たとえばデリダは、「あらゆる既存の価値を破壊しようとした破壊者」というようなイメージを持たれているかもしれません。しかし彼は、一九七〇年代にフランス政府が進めようとした「科学教育重視」の教育改革に対して、「哲学教育重視」を旗印に「哲学教育研究グループ」を組織して反対運動を展開しました。その結果、政府方針を転換させるなどの成果を上げています。

こうした彼の活動にみられるように、フランス現代思想は「正しさは人それぞれ」の徹底した相対主義というわけではないのです。むしろ、独善的な西洋文明が生み出した社会の体制を、よりよいものへと改善しようというのが主要な動機であったと思います。

いうまでもなく、完全無欠の制度などというものは存在しません。民主主義であっても、さまざまな制度的な欠陥があります。民主主義は多数決だと思っている人が多いですが、何でも無造作に多数決で決めてしまっては少数派の権利が奪われます。代議制民主主義では選挙で代表者を決めますが、選挙が終われば多くの市民は自分の意見を政治に反映させる手段を持ちません。

そもそも、すべての制度は言葉で紡がれます。しかし、言葉の意味は「一般的なもの」です。つまり、複数のものが一つの同じ名前で呼ばれます。それゆえ、言葉は個別性のすべてをすくい取ることはできないのです。先ほど見たように、「女性」という一見すると多義的だとは思えない言葉は、「白人女性」「黒人女性」「富裕な女性」「貧困な女性」「異性愛の女性」「同性愛の女性」といった多様な人たちをひとくくりにしたものです。「白人女性」「黒人女性」なども、さらによく見ていくと多様な人たちをひとくくりにしています。一つひとつ多様なものを、ある言葉で呼んだ瞬間に、多様性のうちの何かが必ず取りこぼされてしまいます。

しかし制度は、多様な個人を「女性」や「黒人」や「同性愛者」などのカテゴリーに押し込んで、十把《じっぱ》一絡《ひとから》げに扱います。**人に名前やカテゴリーを押しつけることこそが権力**です。権力は、その名前やカテゴリーが取りこぼす多様性など意に介しません。

そうした状況を変えていくためには、なるべく多くの人が連帯しなくてはなりません。しかし、抑圧されている人たちが連帯するためには、まずは「女性」や「黒人」や「同性愛者」といった既存の名前やカテゴリー（抑圧すべき対象を指定するために権力が作ったカテゴリー）を受け入れなければなりません。それはつまり、自分たちを抑圧する既存の社会秩序をいったんは受け入れるということです。それを拒否して、「人それぞれ」とか「言葉では表現できない」などと言っていては人々は連帯できず、個人単位に分断されてしまいます。それでは国家権力に鎮圧されてしまう。

そこで、フランス現代思想の哲学者たちは、既存の言葉や秩序を単に拒否するのではなく、既存の言葉の意味をずらす、既存の論理を組みかえるといった手段で、言葉を自分たちの手に取り戻し、取りこぼされ続ける者たちを拾い続けつつ、どうしたら多様で個別的な人々が抑圧されないようにしながら多数の人たちが連帯できるのかという課題を何とか解決しようとしたのです。

「人それぞれ」論の広がり

フランス現代思想は、いささか難解でした。ここではなるべくわかりやすく簡単にまとめたつもりですが、やはり難解だと思われた方も多いことでしょう（私の説明が悪いという側面もあるでしょうが）。一九九〇年代に入ると、多様性を求める人々の声は、アメリカ発の、よりわかりやすい**新自由主義**に取り込まれていきます。

これは、ミルトン・フリードマン（一九一二～二〇〇六）の経済理論や、哲学者ロバート・ノージック（一九三八～二〇〇二）のリバータリアニズム（自由至上主義）を背景とする立場です。要するに、個人の自由を尊重し、国家による介入をなるべく少なくしようという主張です。「消極国家」や「夜警国家」といった言葉を高校の『現代社会』で学んだ人もいるかもしれません。そうした国家観にもとづく思想です。たとえばフリードマンは、政府が経済政策をするのは有害無益で、市場のメカニズムに任せておくのがもっとも効率的だと考えました。ノージックは、国家の役割は治安維持などごく少数に限定するべきで、国家が税金を徴収して社会福祉を行うことは個人の財産権の侵害だと主張しました。

こうした主張は、フランス現代思想の哲学者たちの思想とはまったく異質です。かれらは、自由を尊重しつつも、どちらかというと平等の理念を重視していたと思われます。つまり、社会の中で抑圧されている少数者に平等な権利を保証しようというのが、かれらのモチーフだったのではないかと思います。それは、六〇年代の学生運動や市民運動の理念を引き継ぐものでした。また、資本主義社会の中で抑圧されている労働者の解放を目指したカール・マルクス（一八一八～一八八三）の社会主義思想を引き継ぐものでもありました。

しかし、一九九一年にソビエト社会主義共和国連邦が崩壊すると、資本主義に代わる体制としての社会主義を支援する国がなくなります。もちろん、一九八〇年代にはすでに、ソ連が「労働者の楽園」などではなく、権威主義的で非民主的な国であることは知られていましたが、それでもその崩壊は、社会主義を背景とする思想の説得力を減じるものだと考えられたのです。

それに対して、新自由主義はその名のとおり自由を偏重し、平等を軽視します。個々人の自由な活動の結果、貧富の格差が拡大しても仕方がないと考えます。アメリカ資本主義を代弁する立場だといってよいかもしれません。ソ連なきあと、アメリカが唯一の超大国となり、アメリカ的な価値観が世界を席巻することになったのです。

自由と平等とは、近代における民主的な価値観の基本であり、どちらも尊重しなくてはならないのですが、この両者は矛盾します。人々が自由にふるまえば平等は失われ、人々を平等にしようとすれば自由を制限しなければならないからです。自由と平等を何とか両立させるためには、常に繊細なバランスを取りつづけなくてはなりません。そのための理論はどうしても難解になりがちです。フランス現代思想が難解であったのには、そういう理由があるのでしょう。

それに対して新自由主義は、個々人の自由を偏重して平等を軽視します。個々人は、他人に迷惑をかけない限りは何をしてもよいと考えます。これは、一見すると他人を尊重しているように思うかもしれませんが、要するに他人と関わらないでおこうということです。矛盾する自由と平等のバランスを取るとか、他人の立場や考えを理解して異質な者たちとも連帯を広めていこうとか、そういう面倒なことを一切しないで済ませてしまうので、非常にわかりやすいのです。つまり、**新自由主義こそが「人それぞれ」の思想だ**といってもよいでしょう。

このように、フランス現代思想と新自由主義は、まったく相反するといってよいほどに異質な立場なのですが、両方とも政府に対して批判的な姿勢を取るという点では類似していました。また、一見すると新自由主義は多様性を尊重する立場のように見えてしまったこともあるのでしょう。一九八〇年代にフランス現代思想に影響された人たちのけっこう多数が、それと同じような思想だと思って新自由主義を受け入れてしまったように思われます。

しかも、一九八〇年代以降、日米英など各国の政府は新自由主義的な政策を推進します。新自由主義による「政府批判」は、社会福祉や公営事業などの役割を政府から切り離せと要求するものだったので、財政難に苦しむ各国政府にとって都合のよいものだったのです。ついでに言うと、「人それぞれ」といって個々人が連帯せずバラバラでいてくれた方が、国家にとっては支配しやすいので都合がよいという側面もあるでしょう。

日本では、それまで政府が運営していた鉄道を民営化し、国家公務員の数を削減して政府の規模を小さくしようとしました。教育については、「個性尊重」と「自己責任」を旗印にした改革を進めます。ある意味、「人それぞれ」を国家主導で推し進めたのです。そうしたとき、政府に対して批判的な人たちも、「人それぞれ」をうたう新自由主義に取り込まれてしまっていた。そうなったらもう、「人それぞれ」が爆発的に広がるのは必然でしょう。

一九九六年には、「みんなちがって、みんないい」という一節で有名な、金子みすゞの詩「私と小鳥と鈴と」が小学校の国語の教科書に掲載されます。同じころ、「正しい生き方なんて決まっていない」とか「答えは一つではない」とか、「正しいかどうかは自分の感じ方で決まる」というような趣旨の歌謡曲がいくつも作られるようになります。

こうして、「正しさは人それぞれ」というフレーズが、急速に日本中に蔓延《まんえん》していきました。この言葉は、一見すると多様性を尊重するよい言葉のように見せかけておいて、その実、個々人を連帯から遠ざけて国家にとって支配しやすいバラバラの存在にとどめておくのに都合のよいものだったのです。多様性を求める一九六〇年代の学生や市民の声は、権力にとってまことに都合のよい「正しさは人それぞれ」という形に骨抜きされて広まったのです。

この章のまとめ

ここまで、「正しさは人それぞれ」といった考えがどのようにして広がってきたのか、その流れを駆け足で見てきました。西洋的な普遍主義に対する哲学的な批判を出発点として、多様性の尊重を求める市民運動が盛り上がり、それが政府主導の新自由主義に取り込まれていったということです。その過程で、「西洋文明以外の多様な文化の価値」「マジョリティ集団に対するマイノリティ集団の権利」を強調する思想は、「個人単位の多様性」を強調する主張にすりかわっていきました。そうしたすりかえは、多くの人に気づかれないで進行したように思います。現在、「文化の多様性」と「人それぞれの多様性」とはごっちゃにされているかもしれません。しかし、これまで見てきたように両者は本来まったく異質な主張です。「集団単位の多様性」は「個人単位の多様性」を切り捨てて成り立つものであり、「個人単位の多様性」の強調は集団の形成を阻むものだからです。

多様な個人が個人単位でバラバラになってしまっては、社会的な力を発揮することができません。しかし、集団を形成することは個人の多様性を切り捨てることになります。どうしたら多様な個々人が抑圧されないようにしながら多数の人たちが連帯できるのかという困難な課題が、私たちに残されているのです。

私も、西洋文明的な普遍主義は批判されるべきだと思います。「真実は一つ」だから、個人や民族の優劣を客観的に決めることができるというような考え方には賛成できません。しかし他方、「正しさは人それぞれ」という立場も支持できません。もちろん、黒人や女性や同性愛者などが差別されることがあってはならないですが、だからといって「人それぞれ」

と言って済ませてしまえば、そうした多様な立場を理解したり、多様性を認めつつ連帯したりといった道が閉ざされてしまうからです。

新自由主義が世界を席巻してから三〇年ほどたった今、世界中の人々は経済格差や政治的立場の違いから分断されています。富裕層は自分たちの税金が貧困層の救済に使われることを嫌がり、「右派」（国家の統合を重視する保守派）の政治家は「左派」（個人の権利を重視するリベラル派）の声を聞かず、「左派」はそうした「右派」を蔑んでいます。こうした世界こそが、「人それぞれ」からの帰結でしょう。

そうした今こそ、どうしたら多様な個々人が抑圧されないようにしながら多数の人たちが連帯できるのかという大きな課題にもういちど真剣に取り組まなければならないと思います。「集団単位の多様性」と「人それぞれの多様性」との間の鋭い対立を、いまいちど自覚しなければなりません。この本は、そうした取り組みの一つです。

次の章では、安易な「人それぞれ」論に多くの人が取り込まれてしまうより前の時代にさかのぼって、文化相対主義の思想や学問が、もともとはどのようなものであったのか、どのような議論があったのかを、もう少し詳しく確認したいと思います。具体的には、第二次世界大戦後の構造主義やその後のフランス現代思想に大きな影響を与えた言語学と文化人類学について見ていくことにしましょう。そこには、「言語が異なると世界の見え方が異なる」とか「結局のところ異なる文化を理解することはできない」といった極端な文化相対主義を主張する人たちもたしかにいましたが、現在ではそうした主張は否定され、むしろ文化が違ってもそれほど人は違っていないということが示されているのです。

第2章　「人それぞれ」というほど人は違っていない

言語相対主義

まずは言語学からです。

一八世紀の終わりごろ、古代インドの言語であるサンスクリット語が、西洋の古典語であるギリシア語やラテン語と似た文法構造を持っていることが注目されます。そこで、サンスクリット語と多くのヨーロッパ語は一つの語族をなしているのではないかという仮説が唱えられました。いわゆる「インド・ヨーロッパ語族」です。一九世紀には、この仮説にもとづき、ヨーロッパのさまざまな言語の語彙や文法の類似性を比較検討する比較言語学が盛んになります。そして、どの言語とどの言語がより近い類縁関係にあるのか、どの語彙のほうがより古くから使われていたのかといったことが明らかになっていきました。

そうした比較言語学の研究から出発しながら、「そもそも言語とは何か」について考えを深め、言語学だけでなく哲学やその他の人文科学に大きな影響を与えたのが、スイス出身の言語学者フェルディナン・ド・ソシュール（一八五七～一九一三）です。彼は自分では本を書きませんでしたが、彼の講義を受けた学生たちのノートをまとめて出版した『一般言語学講義』は、日本語にも翻訳されています（小林英夫訳、岩波書店など）。

ソシュールの思想の中でも後世に強い影響を与えたのは、**意味の恣意性**についての考察でした。一言でいうと、言葉が示す意味には必然的な根拠がないということです。

私たちにとって身近な外国語である英語と日本語とを比較してみましょう。たとえば、日本語では帽子は「かぶる」、上着は「着る」、ズボンや靴は「はく」と言いますが、英語ではすべて「put on」という同じ動詞で表現します。また、日本語で「かぶっている」「着ている」「はいている」などのように、「～ている」という言い方をするところを、英語では「wear」という別の動詞を用います（付言すると、「put on」を現在進行形にすると、「袖に手を通したりボタンを閉めたりといった着る動作を今まさに行っている」という意味になります）。

このように、日本語の話者であれば「かぶる」と「着る」と「はく」は別の動作だと思いますが、英語の話者はそれらをみんな同じ動作だと思っているわけです。他方、英語では「身に着けている」という状態を、身に着けるための動作とは別のものだと考えるのです。

こうしたとき、日本語による動作の区分と、英語の動作の区分とで、どちらかがより正しいということはありません。つまり、どちらか一方が人間の動作の自然な区分に即していて、他方は即していないなどということはない。言葉の意味は、それが指示する対象の自然な区分によって必然的に決まっているのではなく、人間の側が区分を作るということです。ちなみに、韓国語では「服を着る」と「ズボンをはく」が同じ動詞で、「靴をはく」はそれとは別の動詞で表現するそうです。

このように、言葉の意味の区分には必然的な（あるいは自然な）根拠がないことを、ソシュール言語学の用語で恣意性と呼びます。「人間の意のままに決まる」というような意味です（念のために補足しておきますと、「人間の意のままに決まる」といっても、ある特定の個人が言葉の意味を勝手に決めることはできません。あくまで集団としての人間が決めるということです）。

こうしたソシュールの恣意性の理論は、アメリカの在野の言語学者であったベンジャミン・ウォーフ（一八九七〜一九四一）によって、一般の人々にも広く知られることになります。みなさんは、「エスキモー語には雪を示すたくさんの単語がある」という話を聞いたことがありませんか。その話を広めたのがウォーフです。たとえば彼は、一九四〇年に発表した「科学と言語学」という論文のなかで、このように書いています。

イヌイット〔＝エスキモー〕の人たちにとっては、このような包括的な意味の語〔＝雪〕は考えも及ばない。エスキモーに言わせれば、降る雪、どろどろの雪、その他さまざまの雪は、感覚的に言っても、対処する仕方から言っても別なもので、別の扱いをしなければならないものなのである。イヌイットの人たちはそれら一つ一つに違った単語を使うし、それ以外の雪についても同様である。

（池上嘉彦訳『言語・思考・現実』講談社学術文庫、一五九ページ）

こうした主張は、基本的に妥当なものでしょう。北極圏ではさまざまな状態の雪に対処しながら生きていかなければなりませんから、対処の仕方に応じて雪の種類を細分化してそれぞれについて別の名前で呼ぶことは十分にありそうです。私たちが「砂」と「土」と「泥」を区別するのと同様でしょう。他方、雪があまり降らない地域では、雪は降ったとしてもいつも同じような仕方でパラパラと降るだけでしょうから、細かく呼び分けることもないでしょう。ついでに言えば、雪の降らない地域では「雪」に相当する言葉がないのも当然です。

ところがウォーフは、同じ論文の別の箇所では、納得するのがいささか難しいことを主張しています。

われわれが現象世界から分離してくる範疇とか型が見つかるのは、それらが、観察者にすぐ面して存在しているからというのではない。そうではなくて、この世界というものは、さまざまな印象の変転きわまりない流れとして提示されており、それをわれわれの心——つまり、われわれの心の中にある言語体系というのと大体同じもの——が体系づけなくてはならないということなのである。

（前掲書、一五三ページ）

最初の部分は、言語の意味の区分には必然的な根拠がないという、ソシュールと同様の主張です。しかし、その後の「この世界はさまざまな印象の変転きわまりない流れである」とは、どういうことでしょうか。言語がなければ、私たちはこの世界を「変転きわまりない印象の流れ」として知覚するというのでしょうか。それなら、言語を持たない動物にとってこの世界ははっきりした輪郭もない、ぐちゃぐちゃの色の混合（カオス状態）として見えているのでしょうか。あるいは、「雪」という言葉を持たない人たちには、雪は見えないとでもいうのでしょうか。

もしも、名前が付いていないものは見えないというのが本当なら、新しい名前を知ったり覚えたりすることはできないということになってしまいます。雪を初めて見る人にも、雪は見えるはずです。見えるからこそ、その見えているものに「雪」という名前を付けることもできるのです。

これは、よく考えてみれば当たり前のことでしょうが、ウォーフの論文が広く読まれた結果、「言語がなければ世界はカオス状態である」とか、「言語が違えば世界が違って見える」といった極端な言語相対主義が、学者を含む多くの人によって信じられるようになってしまいます。こうした主張は、ウォーフと、彼の師匠であったエドワード・サピア（一八八四〜一九三九）の名前を取って、**サピア・ウォーフの仮説**と呼ばれることもあります。

基本の色彩語

第二次世界大戦前後から六〇年代の前半にかけて、「言語の意味の区分は恣意的である」というソシュールの主張や、「言語が違えば世界が違って見える」といったウォーフらの説が一世を風靡《ふうび》します。そこで、言語学者だけでなく、文化人類学者や心理学者たちも、そうした説が本当かどうかを実際に調査しようとしました。

その際、もっともよい調査対象は色の名前だと考えられました。色の違いは、物理学的には光の波長の違いです。そして、波長は連続的に変化していきますから、その中のどこに切れ目を入れて区別するべきかということについて、光の側に必然的な根拠があるわけではありません。人の目に見える光（可視光）の波長は、おおよそ四〇〇ナノメートルから八〇〇ナノメートルの間ですが、その中の特定の波長を境に光の性質が激変するなどといったことはない。にもかかわらず人間は、紫・青・緑・黄・赤などを区別します。つまり、そうした区分は人間の側が恣意的に入れるものだから、言語によって異なるはずだと考えられたのです。

ところが実際に調査してみると、驚いたことにというべきか、当たり前というべきか、色の名前や区分には、言語や文化を超えた普遍性があることが見いだされたのです。

アメリカの人類学者ブレント・バーリン（一九三六〜）と言語学者のポール・ケイ（一九三四〜）が一九六九年に出版した『基本の色彩語――普遍性と進化について』（日高杏子訳、法政大学出版局）という本は、こうした研究の古典といってよいでしょう。

かれらは、二〇の異なる言語の話者にさまざまな色のついた紙片を見せ、そのなかから「もっとも基本的な色」だと思うものを選び、その名前を言うよう求めました。それから、その名前で呼ぶことのできる紙片をすべて選びだすように頼みました。こうした調査の結果明らかになったことは、「もっとも基本的な色」の例として選ばれた紙片はほぼ一定だということでした。ただ、その名前で呼ぶことのできる色の範囲には多少のばらつきがあるようでした。

そうした「基本的な色」は、白・黒・赤・緑・黄・青・茶・紫・ピンク・オレンジ・グレーの十一色だったそうです。かれらは、これらの色を「焦点色」と呼んでいます。

さらにかれらは、色の名前の進化についても論じています。つまり、色の名前が増える順番には規則性があるというのです。まず、ある言語において色名が二つしかないとき、それらは黒と白である。三語ある場合には、そこに赤が加わる。さらに、四語では緑または黄が加わるのですが、この場合の「緑」は青色を含みます。日本語では「青々とした畑」や「青信号」などのように、「あお」ということで緑色も指しますが、そういう青と緑を一緒くたにした名前は、日本語以外にも広くみられるのです。そのあとは、青、茶の順で増加し、八語以上の色名がある言語の場合には紫、ピンク、オレンジ、グレーが加わるといいます。

色の見え方には人類普遍性がある、つまり、人間は誰でも同じように色を見ているというのは、考えてみれば当たり前です。色は、目の網膜にある錐体《すいたい》細胞で認識します。錐体細胞には、青の光にもっともよく反応するものと、緑にもっともよく反応するもの、赤にもっともよく反応するものの三種類があります。ある波長の光に対して、それら三種類の細胞がそれぞれどれぐらいの強度で反応したかによって、色が認識されます。このように、色の見え方は人間の目の遺伝的な、あるいは生物学的な構造に大きく依存しているのです。要するに、**色の区別には物理学的な必然性はなく、その意味ではたしかに「恣意的」だが、人間の身体構造による必然性（いわば「生物学的な必然性」）はある**といったらよいかもしれません。

なお、錐体細胞には遺伝的な多様性があり、生まれつき赤と緑が識別できない人や識別が難しい人もいますが、そうした人は比較的少数なので、そうした人たちによる色の見え方は、言語における色の区分といった集団全体に関わることがらには通常は大きな影響を与えません。

このように、色の名前や見え方には普遍性があることが明らかになっているのですが、いまだに「日本では虹は七色だが、フランスでは五色、中国では三色」などといった言語相対主義のお話が一般の人々の間ではけっこう信じられているようです。しかし、実際に虹を見ているときに、日本人にはそれが七色に見えるがフランス人には五色に、中国人には三色に見えるなどということはありません。単に、日本では「虹は七色」というフレーズが流通しているだけです。そしてこの「七色」というのは、日本人が虹をよく観察して区分したというよりは、「七草」や「七不思議」、「七福神」などのように慣用句によく使われる数字だから採用されているのだと思われます。

チョムスキーの言語生得説

色の名前に人類普遍性があるからといって、ソシュールの恣意性の理論全体が否定されたわけではないとお考えかもしれません。しかし、アメリカの言語学者ノーム・チョムスキー（一九二八〜）は、言語は恣意的だという考え方そのものに根本的な批判を加えました。彼は、言語は人間が生まれつき持っている本能だと主張したのです。もちろん、私たちが実際に言語を話せるようになるためには、経験が必要です。しかし、経験だけでは言語を学ぶことはできないとチョムスキーは言います。彼は、一九五七年に最初の著作『統辞構造論』（福井直樹他訳、岩波文庫）を出版して以来、一貫して**言語生得説**を唱えてきました。

チョムスキー自身は、経験だけでは文法構造を学ぶことができないと主張したのですが、ここでは物の名前を学ぶことを例に挙げて考えてみましょう。

私たちは、子どもに言葉を教えるときに、物を見せてその名前を呼んだりします。たとえば、リンゴを見せて「これはリンゴだよ」と教えます。そのとき子どもは、何がリンゴという名前で呼ばれているのかを自分で理解しなくてはなりません。子どもには、リンゴだけでなく、それを持っている手やお父さんの顔など、さまざまなものが見えています。そのなかのどれが「リンゴ」なのか、どうやったらわかるでしょうか？

指で差してやったらわかるでしょうか。しかし、指の先には、リンゴだけでなく、赤い色も見えます。赤い色が「リンゴ」なのかもしれません。あるいは、何かが手にのっている状態が「リンゴ」なのかもしれません。ひょっとすると指が「リンゴ」なのかもしれません。「リンゴ」という言葉が何を指しているのかには、無数の可能性があります。何かを見せてその名前を呼んだだけで、その名前が見えているものの中のどれを指しているのかを決定することは、論理的に考えると極めて困難なのです。

もしも子どもたちがこの困難を経験のみによって克服するなら、もっとたくさんの経験が必要なはずです。たとえば、「リンゴ」という言葉一つを学ぶために、リンゴは赤い色でない、手にのっている状態でもない、指でも笑っているお父さんでもない……などと、無数の可能性をすべて検証する必要があります。しかし実際には、たった一回、リンゴを示して「リンゴだよ」と言っただけで、子どもは何がリンゴなのかを適切に理解してしまいます。

しかも子どもは、「リンゴ」という名前が、眼前に示された物体の固有名ではなく、他のリンゴも「リンゴ」と呼ばれるのだということも理解します。これは、子どもが「名前で呼ばれるべきもの」がどんなものなのかをあらかじめ知っていると考えるほかないでしょう。

そもそも子どもは「物には名前がある」ということも自分で理解しなくてはなりません。たとえば、チンパンジーのような人間に極めて近いと考えられている動物でさえ、物を見せてその名前を呼ぶような教え方では決して言葉を学びません。チンパンジーには、物には名前があるということがわからないのです。しかし、物には名前があるということを、どのようにしたら教えることができるでしょうか。これは、名前を教えること自体の前提ですから、単に名前を教えることによって教えることはできないのです。

このように考えると、言語を学ぶためには、言語とは何なのかについての知識があらかじめ子どもの側に備わっていなくてはならないはずです。「物には名前がある」とか「名前は種類を示す」とか、さらには「個体識別することが重要なものについては固有名詞がある」「行為や動作を示す言葉（動詞）もある」「文章は語順によって意味がまったく変わってしまうことがある」といったことを、子どもの側があらかじめ知っているからこそ、子どもは短い期間で言語を獲得することができるのです。

このように、言語を学ぶためには経験だけでなく、前提となる知識が必要だというチョムスキーの主張はもっともなので、現在の言語学では定説の一つとなっています。

もちろん、その前提となる知識が具体的にどのような知識で、どのような形で遺伝子に書き込まれているのかといった点については論争があります。たとえば、「子どもはリンゴが何かをあらかじめ知っている」というのは、あきらかに無理のある主張です。この世界にある、名前で呼ばれるべきものがすべて人間の遺伝子に書き込まれているわけがありません。他方、もう少し一般的な能力、たとえば物体を識別し、その類似性を判断する能力なら、遺伝的だといってよいかもしれません。

いずれにせよ、言語は単に経験のみによって学ばれるのではなく、人間の生得的な要素が関わっていることは、まず間違いないでしょう。

赤ちゃんの世界

言うまでもなく、感覚器官を含む人間の身体は遺伝子によって形作られます。目や脳の構造の基本的な部分は人間という生物種において大体みな同じです。生きていくために必要なものへの欲求も、みな同じでしょう。人間が世界について持つ認識は、そうした身体構造や欲求を前提として、世界との関わりあいによって作り上げられていきます。

生まれたばかりの赤ちゃんは、目もよく見えず身体も十分に動かせません。それでも辺りを見回して、お母さんやお父さんの顔を見つけだし、そちらを見つめます。いくつかの心理学実験から、生まれたばかりの赤ちゃんでも「顔」を認識して、好んで見ることが明らかになっています。そして、おっぱいや哺乳瓶をくわえてミルクを飲みます。

しばらくして視力が向上し身体も動かせるようになってくると、身の回りのものを手に取っていじったり口に入れたりして、それがどんなものなのかを理解しようとします。それは同時に、自分の身体を動かすことに慣れていくことでもあります。そして、形や色や、周りの人がそれをどのように使っているかといった用途によって、身の回りのものを分類します。物体までの距離を知覚したり、自分で動かせそうかどうかを見積もったり、次にどのようになるかを予測したりできるようになります。

赤ちゃんは、個人差はあるもののおおむね一歳前後から言葉を発するようになりますが、そのころには自分なりに身の回りのものについて理解しています。**人間は、言語を獲得して他者との相互理解の世界に入る前に、まずは自分一人の世界を作り上げる**のです。そうした理解は、自分一人で作り上げたものではありますが、人間の感覚器官や身体の構造や欲求に対応するものなので、おおむねみな同じになります。それゆえに、私がリンゴを示しつつ

「これはリンゴだよ」というだけで、赤ちゃんは何がリンゴなのかを理解できるのです。

このような基本的な世界理解は、赤ちゃんが誰にも教えられることなく実行するものですから、人類普遍だといって間違いないと思います。それゆえに、たとえば日本語を学習中の、リンゴが採れない国の人にリンゴを見せて、「これはリンゴです」と教えたら、私たちと同じように「リンゴ」を知覚して、「リンゴがこの物体の名前であり、この物体はリンゴという種類に属しているのだ」と理解するでしょう。

このように考えてくると、人間の認識は言語によって「何でもあり」に変化するものではなく、人類共通の身体構造や欲求による制限を受けているといえるでしょう。先ほど色の見え方について使った言葉でいえば、**言語には物理学的必然性はないが、生物学的必然性はあるのです。**

もちろん、このように言ったからといって、すべての言語において名前で呼ばれるものがみな同じということではありません。ソシュールについて説明したところで、英語の「put on」が日本語では「かぶる」「着る」「はく」をひとまとめにしたような意味であることを例として挙げました。このように言語が違うと言葉の意味の範囲が異なるのですが、それにもかかわらず、私たちにとっても「put on」が「かぶる」「着る」「はく」をひっくるめた意味であることにはそれほどの違和感はありません。それらが「(帽子や服や靴などを)身に着ける」という「同じ動作」として分類可能であることは十分に理解できますし、私たちは英語を学ぶこともできます。

しかし、もしも「かぶる」と「飛ぶ」と「眠る」を同じ言葉で表すような(つまり、それらを「同じ動作」として分類するような)言語が存在するとすれば、私たちはそれを理解したり使いこなしたりすることは、おそらくできないでしょう。要するに、**言葉の意味の多様性は人間にとって理解可能な範囲内にとどまる**ということです。「言葉の意味は言語それぞれ」というほどには、言語は異なっていないのです。

では、言語以外の文化についてはどうでしょうか。「人々の考えや行動は文化それぞれ」というほどに異なっているのでしょうか。次には文化人類学の研究を見ていくことにしましょう。

文化人類学における相対主義

文化人類学は、言語学とおおむね同じ時期に登場し、影響を与えあいながら発展しました。ウォーフが広めた「エスキモーの雪」の話も、ドイツ生まれのアメリカの人類学者フランツ・ボアズ（一八五八〜一九四二）が言い出したことだったそうです。

もともと文化人類学は、西洋諸国が植民地として支配した地域の調査から始まりました。そのため、まずは「未開人の珍しい習俗」が注目され、それに見合った事例が収集されました。また、文化人類学の成果は植民地支配のために利用されもしました。

この「未開（primitive, savage）」というのは、西洋文明と比較して劣っているという先入観による言葉です。文明の発展段階にも普遍性があり、西洋文明は発展段階の最先端を走っている「開けた文明」で、それ以外の文化は「まだ開けていない状態」だと考えられたのです。最近では、「未開」などの言葉は避けられ、「非西洋文化」などと呼ぶことが多いです。

また、当初は実際に現地に行くのは宣教師や役人や商人などで、学者自身が行くことはありませんでした。たとえば、文化人類学の古典である『金枝《きんし》篇《へん》』（吉川信訳、ちくま学芸文庫など）は、ジェイムズ・フレイザー（一八五四〜一九四一）が各地からの報告や文献をもとに、英国ケンブリッジの彼の書斎にこもって書き上げたものです。

一八九〇年に初版が出版されたこの本では、古代ギリシアやローマの神話や宗教儀式が、世界各地の「未開人」の呪術や慣習と比較され、普遍的な人間の思考パターンがそれらの共通の背景としてあることが論じられています。たとえば、ある者を呪い殺したいときに、その者の人形を作って壊すなどといった習俗が時代や文化を超えて広く見られますが、それは「似たものを操作することで望みの結果を得る」という思考パターン（フレイザーの言葉では「共感呪術」）を反映しているというのです。

ちなみにこの本には、「神の化身としての王」という広くみられる宗教的モチーフの一例として、日本の「ミカド」が挙げられています。

要するに『金枝篇』は、西洋文明的な普遍主義的観点から書かれた書物だということができます。

二〇世紀に入ると、学者自身が長期にわたって現地の人たちと生活を共にして報告を書くというスタイルが広がります。先に名前を出したボアズがその先駆けです。彼は一八八〇年代からすでに自分自身で北アメリカ大陸の先住民の現地調査を行っていました。このボアズが、人類学において文化相対主義的な主張が広がるうえで大きな役割を果たします。

まずはその背景を見ておきましょう。一九世紀のなかば、一八五九年にチャールズ・ダーウィン（一八〇九～一八八二）が『種の起源』（渡辺政隆訳、光文社古典新訳文庫など）を出版し、進化論を唱えます。当初、進化論はキリスト教の創造説と矛盾するために大いに物議をかもしますが、一九世紀の終わりごろには普及し、進化論を人間にも当てはめようとする優生学が世界的な広がりをみせます。

優生学は、「人種や民族の優劣は遺伝的に決まっている」「個々人の能力も遺伝的に決まっている」と考え、黒人や黄色人種などを「劣った人種」として差別する一方、西洋人のなかでも「劣った人」を減らすべきだと主張します。先に、第一次大戦前後のアメリカで日系移民の排斥運動が吹き荒れていたと述べましたが、優生学はそうした人種差別に「科学」の装いを与える役割を果たしたのです。また、心身に「遺伝的な障害」（本当は遺伝的でないものも多かった）のある人には強制的に不妊手術をして、子どもを作らせないようにすればよいなどとも考えました。

考えただけではありません。一九〇七年、アメリカ・インディアナ州で世界初の優生法（心身に障害のある人には強制的に不妊手術をしてもよいとする法律）が作られました。それ以降、世界中で同様の法律が作られていきます。ナチス・ドイツでは優生学がユダヤ人大虐殺を正当化するために利用されました。日本でも一九四〇年に「国民優生法」が制定されます。この法律は、第二次大戦後に「優生保護法」として改正されたあと、一九九六年に強制的な不妊手術を認める条文が削除され「母体保護法」と名称が変更されるまで、五〇年以上も存続していました。その間、多くの人たちが自分も知らないうちに不妊手術を受けさせられていたのです。
ボアズは、そうした優生学の流行や、「人間の能力は遺伝的に決まっている」という**遺伝的決定論**に対して、文化の多様性を示すことで反撃しようとしました。また彼は、当時「未開人」などと呼ばれていた非西洋社会の人々の文化が西洋文明と比べて劣っているという考えにも反対しました。こうして彼は、それぞれの文化には独自の価値があるという文化相対主義の先駆けとなったのです。

ミードの『サモアの思春期』

二〇世紀アメリカを代表する文化人類学者の一人であるマーガレット・ミード（一九〇一〜一九七八）は、ボアズの弟子でした。彼女が一九二八年に出版した『サモアの思春期』（畑中幸子他訳、蒼樹書房）はボアズの文化相対主義を代弁するもので、世界各国でベストセラーとなりました。そこで彼女が取り上げるのは思春期に普遍性があるかどうかという問題です。

みなさんご存知のとおり、思春期とは第二次性徴期を迎えた一〇代の子どもたちが陥る不安定な精神状態を示す言葉です。はっきりした理由もなく親や学校に対してイライラして反抗的な態度を取ったり、場合によっては暴力沙汰や万引きといった非行に走ったりします。これは、人間の生物学的な成長過程に伴う普遍的な現象なのでしょうか。それとも、日本文化が抑圧的だから子どもたちが反抗するのでしょうか。

ミードが問うのは、思春期は遺伝的に決定されるのか、文化により決定されるのかという問題です。ミード自身の問いは、次の二つです。

一つは、思春期の若ものの精神的不安が、思春期という人間の成長の一時期の特性であるのか、それとも文明が原因となって生ずるのか、ということ。もう一つの問題は、異なった状況のもとでは、思春期は異なった様相を呈するかどうかということ。

（畑中幸子他訳、一六ページ）

ミードはこの問いの答えを求めて、西ポリネシアの島国であるアメリカ領サモアへと向かい、第二次性徴期前後の少女たちを調査します。そして、サモアの少女たちは、アメリカの少女たちと同じように身体的な変化を経験するが、精神的にはアメリカの少女たちと違って大きな動揺を経験しないと結論します。ミードは、その原因をサモアの文化に求めます。

彼女が言うには、サモア人の社会は全般的にのんきで不和や争いが少なく、もし争いが起こっても大した騒ぎにはならずすぐに収まる。子どもは親戚数十人が同居する大家族の中で全員にかわいがられるので、実の父母を意識せず、親子の間に強い感情的な絆《きずな》は形成されない。家族が気に入らなくなった子どもは家を出て、近隣の親族の家に転がりこむ。性に関する社会的な規範が希薄で、少女たちは自由に性行為を楽しむ。その際、特定のパートナーに強く執着することはなく、相手が別の人と関係を持ってもそれほど嫉妬を感じない。それで父親がはっきりしない子どもが生まれても、家族は労働力が増えるので歓迎する。こうした文化で育った子どもは、身体的には第二次性徴期を迎えたとしても、精神的には不安定になることはない、というのです。

なにやら西洋人が思い描く「南洋の楽園」のイメージのようです。西洋文明の普遍性が疑問視されるようになった第一次大戦後には、それまで「未開」として下に見ていた非西洋文化に対して、逆に西洋人の憧れや理想を投影するような見方（エキゾチシズムやオリエンタリズム）が広がりました。そうしたこともあって、ミードの本は文化人類学者だけでなく一般の読者にも広く読まれ、第二次大戦をはさんで何十年にもわたって版を重ねていきます（日本語訳は一九七三年版の翻訳）。そして、「人間の行動は遺伝子によって決定されるのではなく、文化によって決定される」という主張が受け入れられていくことになるのです。

先ほど、二〇世紀の前半に優生学が大流行し、障害者の強制不妊手術などが行われたこと、ナチス・ドイツは優生学をユダヤ人の大量虐殺を正当化するために利用したことを述べました。第二次大戦でドイツが敗北し、ユダヤ人を大虐殺した強制収容所の実態が各国に知れ渡ると、優生学の信用は失墜します。そうした状況にあって、優生学や遺伝的決定論を批判してきたボアズらの文化相対主義が力を得たという側面もあるでしょう。

フリーマンのミード批判

この章の前半では、言語が違っても物の見え方は変わらず、むしろ言語には人類普遍的な側面があることを見てきました。では、「人間の行動は文化によって決定される」という主張、いわば「正しさは文化により異なる」という主張は、妥当なものでしょうか。ミードの『サモアの思春期』が主張するように、文化が異なれば人間の行動や精神のあり方は大きく異なるのでしょうか。

一九六〇年代から七〇年代にかけて、基本的な人間のあり方、社会の仕組み、ものの感じ方や考え方がかなりな程度、人類普遍的であるという研究が重ねられていきます。そして一九八三年には、ミードの『サモアの思春期』に書かれているサモア社会のあり方が、まったく事実と異なることを指摘した本が出版されます。デレク・フリーマン（一九一六〜二〇〇一）の『マーガレット・ミードとサモア』（木村洋二訳、みすず書房）です。

彼は、サモアについての一九世紀以来の調査や、自分自身が何年にもわたって重ねてきた調査の成果にもとづいて、サモア社会が非常に権威主義的で家長の権力が強く、子どもたちは激しい体罰を伴った厳しいしつけを受けながら育てられること、性に関する厳格な規範があり、そこから逸脱した少女たちは時に命を落とすほどの暴力的な制裁を受けることを示していきます。ミードの描く「南洋の楽園」のようなサモアは、事実とはまったく逆の幻想だというのです。そして、サモアの少女たちも思春期には精神的な不安定に陥り、むしろアメリカなどよりも高い割合で非行に走るということを、さまざまなデータにもとづいて示しました。

結論として彼は、人間の行動は単に遺伝子が決定するものでも、文化が決定するものでもなく、その相互作用によって形作られると主張します。思春期に精神的な不安定に陥るのは、一面では人間という生物種の成長段階に組み込まれているのですが、それが実際どのような形で表出するかという点には文化的な違いがあるということです。そして、優生学における遺伝的決定論も、ミードのような文化決定論も、同じように非科学的だと言います。

　フリーマン自身は、生物学的要素と文化的要素の相互作用の例として、サモアにおける敬語体系を挙げています。社会的序列についての複雑な仕組みがあるサモアでは、人々は反目や緊張に満ちた関係の中で生きています。そうした社会において緊張を緩和するために、また露骨な感情を表出して暴力沙汰になったりしないために、敬語体系が形成されたと言います。感情のあり方という人間に普遍的な要素と、社会のあり方という文化的な要素が作用しあって、敬語体系という文化的な現象が出現するのです。

　さらに言えば、複雑な社会的序列の仕組みそのものも、社会を作って生きるという人間の生物学的な特性と、サモア諸島の自然環境などとの相互作用の中で形成されたものなのでしょう（この点については、フリーマン自身ははっきりと述べていませんが）。

　人間の行動には生物学的・遺伝的な要素と文化的な要素の両方が関わっているというフリーマンの結論は妥当、というよりむしろ当たり前だと思われますが、この本は、その「日本語版への序文」の中で彼自身が書いているところによると、「アメリカ合衆国において「地震のような衝撃」を引き起こした」そうです。

　出版当時、すでにミードは亡くなっていましたが、アメリカの人類学会においてたいへん権威のある学者だと考えられていましたし、文化相対主義的な見方は、人間は生まれたときは白紙状態で育ち方によって違いが生じるという「民主主義的」な見方と相性がよいように思われます。実際、ミードはアメリカにおけるフェミニズム運動の旗手の一人でもありました。彼女は、女性が社会的に劣位に置かれているのは、女性が生まれながらに劣っているからではなく、女性を劣位に置く文化のせいだと考えていたのです。

フリーマン自身は、彼の本が「地震のような衝撃」を引き起こした一因は、ミードに対する個人攻撃だと受け取られたからだと述べていますが、やはりそれだけでなく、生物学的・遺伝的な要素が人間の行動に大きな影響を与えるという彼の主張が、優生学的な「遺伝的決定論」の一種だと誤解された点が大きいのではないかと思われます。

しかし、「人間の行動には生物学的な要素は関係ない。人間は生まれたときは白紙状態だ」というのは、事実に反します。「最初の感覚的な経験はカオス状態で、経験によって物が見えるようになる」などということがないのと同様です。人間が感覚器官や脳といった知覚のための装置を備えて生まれてくるからこそ、輪郭のはっきりした物体が空間中の遠近に配置されているような仕方で物が見えるのです。それだけでなく、人間は「物には名前がある」とか「名前は種類を示すものだ」といったことをあらかじめ知っていると考えないと、子どもたちが言語を短期間でスムーズに獲得していくことも説明できません。

先ほど、「人間は生まれたときは白紙状態で育ち方によって違いが生じるというのは「民主主義的」な見方だ」と述べました。しかし、個々人の差がすべて育ち方によって生じるのだとすると、育て方を変えれば思いどおりの人間にすることができるということになります。つまり、**「個々人の差は育ち方の差」という見方は、「人間は教育によって都合よく操作できるはずだ」ということを含意しています。**先ほど「民主主義的」という言葉にカギカッコを付けたのは、そうした見方が一見すると「生まれたときはみんな平等」という「民主主義的」で「よいこと」を主張しているように見せかけておいて、その実、人間を都合よく操作するという全体主義的な発想を支えるものであって、真の意味で民主主義的とは言えないからです。

人間における普遍的なもの

フリーマンの本が出てから八年後の一九九一年、ドナルド・ブラウン（一九三四〜）は『ヒューマン・ユニヴァーサルズ』（鈴木光太郎他訳、新曜社）を出版して、フリーマンの研究を高く評価します。この本のタイトルは、意味を補って訳せば「人間におけるさまざまな普遍的なもの」ということです。彼が言うには、その本を出版した当時はまだ「多くの人類学者、おそらくその大半は、すべての人間がすることを一般化する言い方には懐疑的」でした。多くの人類学者たちは、人間の行動における生物学的・遺伝的な要素を強調することに抵抗感があり、文化的な差異を強調することが重視されていたようです。

そうした状況の中でブラウンは、当初は文化的な多様性を示すと思われていたが実はそうではなかった六つの事例を取り上げます。その一つ目が「基本の色彩語」で、二つ目が「サモアの思春期」です。これらは既にみなさんに紹介しました。

三つ目が、これもミードが報告した「チャンブリ族の男女の役割」について。パプアニューギニアのチャンブリ族では、男女の役割や態度がアメリカなど他の文化圏とまったく逆転しているとされたのですが、検証した結果、やはりそのような事実はなかったのです。

フェミニズム運動が盛り上がる中で、「女性が社会的に劣位に置かれているのは、女性が生まれながらに劣っているからではなく、女性を劣位に置く文化のせいだ」という主張が広く唱えられ、女性が政治的な主導権を持つような文化も存在するはずだと考えられたのですが、ブラウンは、「熱心な探求にもかかわらず、そうした社会は一つとして見つかっていない」と言います。

四つ目が、表情について。ポール・エクマン（一九三四〜）らの調査によって、表情と感情の結びつきには文化を超えた普遍性があることが示されました。人は、異なる文化圏に属する人の顔を見て、その表情から何を感じているのかをじゅうぶん確実に読み取ることができるのです。

五つ目は、「ホピ族の時間観念」についてです。これはウォーフが広めた説で、アメリカ先住民の一つホピ族の言語には時制がなく、それゆえに彼らは私たちとは異なった時間の感覚を持っているとするものです。みなさんはもはやお察しのことと思いますが、これも再調査の結果、誤りであることが明らかになりました。ホピ族の人も英語を話すアメリカ人も、同じように時間は過去から現在、未来へと流れていくように感じているのです。

最後は、「エディプス・コンプレックス」の普遍性について。エディプス・コンプレックスとは、精神分析の創始者であるジクムント・フロイト（一八五六〜一九三九）が提唱した概念で、要するに、「男の子には自分の父親を殺して母親と結婚したいという欲望がある」ということです。有名なギリシア悲劇の主人公エディプス王（オイディプス王）にちなんで名づけられました。

ブラウンは、エディプス・コンプレックスは普遍的な男性の心理の一部だと結論していますが、フロイトの言うとおりの意味であれば、そんな欲望が人類普遍的であるとは考えられません。母親と結婚したいという欲望は、つまりインセスト（近親婚）への欲望です。そして、ブラウン自身が別のところで論じているとおり、インセストこそ人類普遍的に、それどころかほとんどの動物種において回避されているのです。なぜかというと、親や兄弟姉妹など近親者との間で子どもを作った場合、その子どもが先天的な障害を負う可能性が高くなるからです（先天的な障害の原因となる劣性遺伝子（潜性遺伝子）がホモになる可能性が高い）。

ブラウンはエディプス・コンプレックスを、フロイトの言うとおりの意味ではなく、「男の子が母親を独占したいと思い、母親の夫に対して冷淡さを示す」という意味に読み替えていますが、「独占したい」とか「冷淡にしたい」といったあいまいな欲望であれば、あえてその普遍性を声高に論じるほどのことはないように思います。

いささか脱線しましたが、ブラウンに話を戻すと、彼は文化人類学的研究だけでなく、進化生物学や心理学、言語学の研究成果も参照して、「普遍的人間」の特徴を数多く列挙します（たくさんあるので、後ほど言及するものは太字にしておきます）。

まずは、**言語を持つ**こと。言語を用いて抽象的な思考を展開するだけでなく、他人をうまく操ったり、ウソをついたり、笑わせたりする。比喩を使う。**物語や詩を作る**。言語には名詞と動詞、固有名詞、代名詞があり、所有格もある。男性と女性、親族のカテゴリー、人間や身体の各部分、心の状態、動物、植物、道具、方向、時間などを示す言葉がある。ものを考えるときに、「～ではない」「～と～」「同じ」「等しい」「反対」などの論理的概念を用いる。

言語だけでなく、顔の表情によって複雑なコミュニケーションが行われる。人の心の動きについての理論を持っている。ヘビを恐れる。道具を作る。**火を使う。**誕生、出産、産後のケアのやり方が決まっている。**集団生活を営む。**自分たちの部族と他の部族を区別する。母子関係を核とする家族を構成する。子どもをしつける。近親者とそうでない者を区別して、さまざまな場面で近親者を優先する。**インセストが禁止される**など性的関係に規制がある。

社会の中には地位や役割があり、年齢や性にもとづく分業がある。たとえば、**おとなの男性が政治的に優位な立場を占める。**共同作業をする。贈り物や、お互いの利益になるような交換を行う。未来を予測し、計画を立てる。**集団全体に関わる「公的なものごと」があり、それについて決定するための手続きがある。**指導者がいる。

寛容が称賛される。法的な規則があり、**暴力やレイプや殺人は禁じられる。**違反者は処罰される。集団内や集団間で争いがしょっちゅう起こり、それに対処するための慣習的な方法がある。善悪を区別する。**礼儀作法やもてなしがある。甘いものを好む。宗教や呪術がある。**通過儀礼や葬式などの儀礼がある。世界についての理解の体系がある。美的な基準があり、身体を装飾する。踊りや音楽がある。若者はよく遊ぶ。

こうした「人間における普遍的なもの」のリストは、ブラウン自身が述べているように、体系的ではなく、どちらかというと思いつくままに並べられています。挙げられたもののなかには、インセストの禁止などのように生物学的な理由によって説明できる特性もありますし、宗教や呪術などのように言語を用いて抽象的な思考ができるようになったことから派生したのではないかと思われる特性もあります。火を使うことには生物学的な理由はあまり関係なく、どこかで誰かが思いついて始めたことが便利だから広がったのではないかと思われます。山火事など自然の発火は世界中どこでも起こりますから、火を使うことは歴史的にも地域的にも何度も思いつかれたことでしょう。

とはいえ、ブラウンが列挙する特性は、商工業やサービス業の発達によって人間の生活が大きく変化した現代社会においてもなかなかよくあてはまるものばかりです。

こうして見てくると、「正しさは文化により異なる」と単純に言えるわけでもない、ということになりそうです。つまり、人間の行動や考え方、社会のあり方にはある程度の普遍性があり、文化的な多様性には限りがあります。**人間が生物として生きていくうえで必要なことは基本的に同じであり、社会はまずはそれらを満たすために構成される**からです。

ブラウンのリストは、人間の行動をどのようなものとして理解するべきかという分類の枠組みを列挙したものと考えるとよいでしょう。たとえば、初対面の人と握手するか、抱き合うか、頭を軽く下げるかなど、具体的なやり方はたしかに文化により多様ですが、それらはいずれも「礼儀作法やもてなし」として理解できます。人間は初対面の人を前にすると緊張します。敵か味方かわからないからです。その緊張を緩和し、友好関係を築くためには、何らかの行動をとる必要がある。そのための行動が「礼儀作法やもてなし」なのです。

このように、一見すると自分たちの文化とはまったく異なるように思えることでも、**それが何の目的で、どのようなニーズを満たすために行われているのかを考えれば、理解可能であることがほとんど**です。要するに、さまざまな文化において具体的にどのような形の行動として現れるかは多様であっても、それらの行動の目的は人間にとってのニーズを満たすことなので、だいたい同じなのです。

もちろん、一見するだけでは理解が難しいような行為や慣習もあるでしょう。「正しさは文化により異なる」というのは、ある程度までは真実です。自分が育ってきた文化における慣習や行動に慣れ親しんでしまった後には、それが先入観となって、他の文化を理解することが困難になるかもしれません。しかし、だからといって**「正しさは文化により異なる」と唱えることは、具体的にどこがどうして違うのかを理解する努力を放棄することにつながりがち**です。それでは、他文化を尊重するどころか切り捨てることになります。たとえ困難であっても理解しようと粘り強く努力することが、他文化を尊重する態度の基本というものです。

この章のまとめ

この章では、言語学と文化人類学における文化相対主義的な主張がもともとはどのようなものであったのか、それに対してどのような議論があったのかを概観してきました。その結果わかったことは、むしろ文化が違っても人はそれほど違っていないということでした。話の流れをふりかえっておきましょう。

まずは言語学について。ソシュールは「言葉の意味の恣意性」を主張し、ウォーフは「言葉が違うと世界が違って見える」とさえ主張しました。これは、いわば「正しさは言語それぞれ」という主張です。ところが、色の名前を例にとって実際に調べてみると、そこにはかなりな程度の普遍性があることが見いだされたのです。また、チョムスキーは、そもそも言語を学ぶためには人間の生得的な能力が必要だと主張しました。具体的にどのような能力が生得的なのかについては議論がありますが、言語を学ぶためには経験だけでなく、前提となる知識が必要だというチョムスキーの主張はもっともです。言葉の意味はすべての言語においてまったく同じというわけではないですが、その多様性は人間にとって理解可能な範囲にとどまるものなのです。

次に、文化人類学における相対主義的主張の一例として、ミードの『サモアの思春期』を見ました。彼女は、「人間は生まれたときは白紙状態で、育ち方によって違いが生じる」といった考えから、「サモアでは少女は思春期において精神的な動揺を経験しない」と主張しました。しかし、後にフリーマンはミードの報告が事実とほぼ正反対であることを暴きました。さらにブラウンは人間の行動や社会のあり方にはかなりな程度の普遍性があることを示しました。

こうして見てくると、**「人それぞれ」「みんなちがってみんないい」というほどには、人は違っていない**と言えそうです。人間は白紙の状態で生まれてくるのではなく、動物の一種として、同じような身体と感覚器官や脳を持って生まれてきます。それだけでなく、人間の考え方や感じ方、ふるまい方など精神的な側面についても、かなりな程度、生物学的な習性が反映されているようなのです。たとえば、集団生活をするというのも人間の生物学的な習性の一つでしょう。文化は、そうした人間が共通して持っている基盤の上に作られていきます。

要するに、人間が生物として生きていくうえで必要なことは基本的に同じであり、社会はまずはそれらを満たすために構成されるのです。つまり、だいたい似たものである人間が、多様ではあれ基本的な枠組みの点では普遍性がある文化を作るのです。それゆえ、どのような文化で育とうと、人間というものはだいたい似ています。この章での議論の結論を一言でまとめるなら、**言語や文化の多様性は人間にとって理解可能な範囲にとどまる**のです。

ただし、ブラウンが列挙したような特性が地域や文化を超えて広くみられるからといって、「このようなあり方こそが人間として正しいあり方だ。それ以外の生き方をするのは間違っている」などと考えるのは早計です。**「事実としてそうである」ということと、「そうすることが正しい」ということは、別のことです。**「正しさは人それぞれ」ではないですが、だからといって「真実は一つ」でもありません。

次の章からは、そもそも「正しい」とはどういうことか、それがどのようにして作られるのかについて考えることにしましょう。

第3章 「道徳的な正しさ」を人それぞれで勝手に決めてはならない

人類普遍だからといって「そうするのが正しい」ということにはならない

ブラウンは、人間における普遍的なものをいくつも列挙しました。そこには、「言語を持つ」とか「集団生活を営む」といった抽象度の高いことから、「物語や詩を作る」「インセストの禁止」といったかなり具体的なことまでが含まれていました。それらの中には、生物学的な理由によって説明できるものから、生物学的な条件をもとにして作り出されたもの、生物学的な理由はないが便利だから広がったものなど、雑多なものが含まれているようです。

もちろん、どれほど極端な相対主義者であっても、人間は直立二足歩行するとか大きな脳を持つといった身体的な面については普遍性があり、それが生物学的に規定されていることは否定しないでしょう。しかし、考え方や感じ方、ふるまい方などの精神面についても普遍性や生物学的要素があるという主張は、フリーマンの『マーガレット・ミードとサモア』が「地震のような衝撃」を引き起こしたように、優生学的な遺伝的決定論の一種だと誤解され、

「リベラル派」の人たちから攻撃されがちです。あるいは逆に、「男性には男性の、女性には女性の生まれつきの性質があるから、それに従うべきだ」といった考えを持っている「保守派」の人たちに利用されたりしがちです。

しかし、人間の考え方や感じ方がかなりな程度、生物学的に規定されているからといって、「人間にとっての普遍的な正しさ」というものがあり、それは生物学的に決定されているというわけではありません。**人間の生物学的な傾向に従うことが正しいとは限らない**のです。

たとえば、人間には「甘いものを好む」傾向がありますが、だからといって「甘いものを食べるべきだ」ということにはなりません。もしそうだとすれば、甘いものがあふれている現代社会ではみんな肥満や糖尿病になってしまうことでしょう。また、たいていの人間が「集団生活を営む」からといって、山奥で一人、自給自足の暮らしをするのが間違いだということにもなりません。さらに、さまざまな社会において「おとなの男性が政治的に優位な立場を占める」からといって、女性が政治家になってはいけないということもないでしょう。現代の世界では、女性が政治家になることや、さらには首相や大統領になることも、もはや珍しくありません。

先ほども書きましたが、「事実としてそうである」ということと「そうすることが正しい」

ということは、別のことです。事実によって道徳や倫理を説明しようとすることは、哲学や倫理学の分野では**自然主義的誤謬**《ごびゅう》と呼ばれています。「道徳や倫理に自然な根拠（自然科学によって明らかにできるような根拠）があると考える誤り」という意味ですが、要するに「みんながやっているからといって正しいとは限らない」ということです。正しさは多数決で決まるものではないのです。

もちろん、だからといって「正しさは人それぞれで決めたらよい」などと結論してはなりません。一般的に言って、自分一人に関わることであれば、あえて「正しさ」を振りかざさなくても、黙って自分一人でやればよいでしょう。たとえば、「甘いものは体に悪いから食べない」と決めて、自分が食べないのは自由です。

ところが、自分の子どもにも一切の甘いものを与えないということになると、事情が変わってきます。子どもは「どうして甘いものを食べてはダメなのか」と聞いてくるでしょう。そうしたら、自分の考えを説明しなくてはなりません。そして、あなたの説明に子どもも納得すれば、「うちでは甘いものを食べない」というルールが正当化されます。子どもは強制などしなくても、自分からそのルールに従います。もちろん、ときどきは違反するでしょうが、そのときは自分が悪かったと反省することでしょう。

しかし、子どもが納得せず、結局は「親の権力」で甘いものを食べないように強制するのであれば、「甘いものを食べない」ことは正当なルールではなく、あなたが勝手に決めたことを暴力によって強制しているのです。子どもは隙あらば甘いものを食べようとし、そのことを悪いとは思わず、むしろ理不尽にも甘いものを与えないあなたの方が悪いと考えることでしょう。

つまり、**「正しさ」は個々人が勝手に決めてよいものではなく、それに関わる他人が合意してはじめて「正しさ」になる**のです。「正しさは人それぞれ」でも「真実は一つ」でもなく、「正しさはみんなで作っていくもの」なのです。

第2章では「正しさは人それぞれ」が事実として間違いであることについて説明してきました。この第3章と次の第4章では、「正しさは人それぞれで勝手に決めてはならない」ということについて考えていきたいと思います。ひとくちに「正しさ」といっても多義的ですが、大きくいうと「道徳的な正しさ」と「事実認識の正しさ」という二つの場合があります。第3章では道徳的な正しさについて、第4章では事実認識の正しさについて考えます。

「道徳的な正しさ」についての私の考え方

「道徳的な正しさ」とは「人間の行為の正しさ」のことですが、もう少しはっきり言うと、「他人に対する行為や他人を巻き込む行為の善悪」のことです。そして、そうした行為のうち、どのような行為が正しく、どのような行為が間違っているのかを定めたものがルールや規則というものです。「正しさ」は他人を巻き込むものであるからこそ、個々人が勝手に決めてよいものではなく、他人によって合意されてはじめて「正しさ」になるのです。このことは、先ほどの「甘いものを食べない」という簡単な例から明らかだと思います。

人間は、他の人間に対して、単なる物に対して抱くのとはまったく異なる感情を抱きます。たとえば、私たちは他人に殴られると腹を立てますが、歩いていて電柱にぶつかったとしても電柱に対して腹を立てることはありません。人が困っていたら助けなければと感じますが、岩が土石流で押し流されても助けようとは思いません。そして、**道徳的な善悪は、人間が他の人間に対して抱くこうしたさまざまな感情を出発点として作られていく**のです。

「他の人間」というと限定しすぎかもしれません。たとえば、海にプラスチックごみを捨てるとウミガメがそれを食べて死んでしまうといった話がよく報道されています。そうした話を聞くと、多くの人は「ウミガメがかわいそうだ」と感じ、「海にプラスチックごみを捨てるという行為は間違っている」と思うことでしょう。つまり、人間以外の動物に対する行為やそれを巻き込む行為も、道徳的な善悪の対象となるのです。

しかし、ウミガメと話し合って行為の善悪を決めていくことはできませんので、人間以外の動物を巻き込む行為の善悪は、他の人間を巻き込む行為の善悪が拡大適用されるのが通常です。そこで、この本では他の人間に関わる行為に限定して論じていきます。

「道徳的な正しさ」についての功利主義の考え方

ところで、実は「道徳的な正しさとは何か」という点について、倫理学者の間で統一的な見解があるわけではありません。私は道徳的な正しさとは他人が関わる行為の正しさのことであり、それはその行為に関わる人たちが合意することで決めていくものだと考えていますが、現在の倫理学の主流といってよい立場である**功利主義**ではそのようには考えません。功利主義は、「最大多数の最大幸福」という唯一の普遍的原理によって道徳を説明しようとします。つまり、道徳的な正しさについての「真実は一つ」という立場です。

功利主義は、一八〜一九世紀、産業革命によって資本主義が発展した時代のイギリスで、ジェレミー・ベンサム（一七四八〜一八三二）が唱えた説です。「最大多数の最大幸福」はベンサムの言葉です。およそすべての人間は幸福を求める。幸福こそが人間にとっての善である。それゆえ、個人の幸福を最大化すること、幸福な人の数を最大化することが正しい。個人が行為を選択するときにも、社会的な政策やルールを定めるときにも、「最大多数の最大幸福」が判断の原理となる。おおまかにいってそういうふうに考えます。

ベンサムが言うように、人間は幸福を求めるものだというのは、人間について普遍的に当てはまる事実だと思われます。これはブラウンの「普遍的なもの」のリストには入っていませんが、あまりにも当たり前すぎてかえって意識されなかったのかもしれません。あるいは、人間以外の動物についても当てはまるから、「人間の」普遍的特性ではないということかもしれません。ベンサム自身、「動物であっても快と苦痛の感情を持っているのだから、虐待して不幸にすることは間違いである」と論じています。

当初、ベンサムの思想は快楽主義や利己主義と混同され、当時の哲学者たちから「ブタの倫理」などといって嘲笑されました。しかしまず、功利主義は単なる快楽主義ではありません。目先の快楽に惑わされることなく、長期的な展望を持って、もっとも大きな幸福が得られる行為を選択するべきだというのが功利主義の考えです。

また、功利主義は利己主義でもありません。功利主義を英語では「ユーティリタリアニズム」といいます。「ユーティリティ中心主義」という意味です。哲学や倫理学の分野では

「功利」と訳されるこの「ユーティリティ」という言葉の文字どおりの意味は「有用性」ですが、そもそも「物が役に立つ」とはどういうことかを突き詰めて考えると、結局のところは「人間の幸福に寄与する」ということになるでしょう。つまり、ユーティリタリアニズムとは「幸福中心主義」という趣旨の言葉なのです。

他方、利己主義とは、他人をないがしろにして自分だけの利益を図ることです。そのようなふるまいをして人間は幸福を得られるのかというと、そうではないでしょう。ベンサムは明言していませんが、人間がいちばん幸福であるのは、自分が利益を得たときであるよりは、むしろ自分の行為によって家族や友人などが喜んでくれたとき、さらには社会全体に貢献できたと感じるときではないかと思います。このように考えると、「幸福中心主義」は利己主義ではありえないというべきでしょう。実際、ベンサム自身、救貧法（貧困者の生活を支援する法律）の改正や監獄の改善など、貧困者や弱者の幸福が増大するような社会を目指して活動していました。

このように功利主義は、人間にとって善とは何か、どのような行為が正しい行為なのかを考えるうえで、なかなかもっともらしい思想です。それゆえに、現在の倫理学の主流といってよい立場を占めるに至ったのです。

功利主義への批判①：他人の幸福をどうやって測るのか

しかし、功利主義にはこれまでにさまざまな批判が投げかけられてきました。まずは、「他人の幸福をどうやって測ることができるのか」という点です。

自分の行為についてであれば、どうすれば自分がいちばん幸福になるかは基本的に自分でわかります（ここで「基本的に」というのは、人間は目先の快楽に惑わされて長期的な幸福を失うこともしばしばあるからです）。あるいは、「こうするのがいちばんよい」と思ってやった結果、あまり幸福にならなかったら、選択が失敗だったことが自分でわかります。しかし、他人が何を得れば幸福になるのかは、どうすればわかるのでしょうか。また、よかれと思って決めた社会政策や法律がかえって当事者たちを不幸にしたとしても、それを決めた政治家にはそれがわからないこともあるのではないでしょうか。

要するに、他人が関わる行為について何が正しいのかを「最大多数の最大幸福」という原理によって勝手に決めてしまってはいけないのではないかということです。あるいは、「最大多数の最大幸福」という原理は普遍的であるように見えて、幸福を測る尺度という点では普遍性がなく主観的だという問題です。こうした点について、スーパーで何を買うかといった身近な場面から考えてみましょう。

まず、同じ商品がこちらのスーパーでは一二〇円、あちらのスーパーでは一〇〇円で売られていたら、「最大多数の最大幸福原理」は簡単に適用できます。当然、一〇〇円の方で買うべきです。とはいえ、あちらのスーパーが少々遠いのであれば、「わざわざ遠くまで歩くこと」と「二〇円節約すること」のどちらがハッピーなのかを少々考えなくてはなりません。私なら歩きますが、お金よりも時間を節約する方が大きな幸福を得られると考える人も多いでしょう。

では、一〇〇グラム千円の牛肉と、二五〇円の豚肉とでは、どちらを買うべきでしょうか。「牛肉を食いたいと思うが、牛肉はあまりに高い」とつぶやいて豚肉を買う私のような人もいるでしょうし、「牛肉は豚肉の四倍の幸福を私にくれる」といって牛肉を買う人もいるでしょう。これはもう、完全に個人の好みの問題です。自分がより幸福になると思う方を選択するしかありません。

そして、もしもあなたが自分の給料で一人暮らしをしているのであれば、何を買うかは自分の好みや価値観にもとづいて自由に選択すればよいでしょう。その場合、よその人がどんな好みを持っていようと私には関係ありませんから、「人それぞれ」といって放っておけばよい。スーパーで牛肉のパックを手に取った見知らぬ人に対して、わざわざ「牛肉でなく豚肉を買うべきだ」などと説得する必要はありません。

しかし、もしもあなたが一人暮らしでないならば、そういうわけにはいきません。たとえば、生計を共にする自分の夫がいつも牛肉ばかり買ってくるのであれば、妻としては「ちょっと待ってよ、毎日牛肉ばかりじゃお金がもったいないじゃない。毎日牛肉だと飽きてくるし」などと言いたくなるでしょう。妻にそう言われたにもかかわらず牛肉を買いつづけたいのであれば、あなたは牛肉を買うべき理由を説明して、妻に納得してもらわなくてはなりません。

その場合、「最大多数の最大幸福原理」による説得を試みるならば、「高価な牛肉を買う方が安価な豚肉を買うよりも幸福だ」という、いささか矛盾したことを説明するはめになります。そこで、「牛肉は豚肉の四倍の幸福を私にくれるのだ」などと言ってみても、妻に「私は牛肉より豚肉の方が好き」と言い返されたら、あなたの好みと妻の好みのどちらが正しいのかを判定することはできません。結局、「牛肉と豚肉のどちらを買うのが普遍的に幸福なのか」を決めることはあきらめて、牛肉と豚肉を交互に買うなど、妻も納得し、自分も我慢できるような解決策を二人で見つけていくしかないでしょう。

このように、「正しい行為」が何かということは、その行為に関わる人の間で決めていくべきものです。自分一人しか関わらない行為の「正しさ」は考える必要がありません。それこそ「人それぞれ」に、自分がいちばんハッピーだと思う選択をすればよいでしょう。しかし、生計を共にする家族がいる場合には、スーパーの買い物だって自分一人だけに関わる行為ではなく、家族を巻き込む行為です。そして**「正しさ」は、一つの行為に複数の人間が関わるとき、はじめて作られていく**ものなのです。

なお、「交互に買うというのは二人の幸福の合計を最大化することだから、最大多数の最大幸福原理による解決だ」とお考えの方もいるかもしれませんが、それはいささか強弁だと思います。むしろ「最大多数の最大幸福」とは別の、「平等」という道徳的な原理が使われていると考える方が自然でしょう。私たちが行為を選択するとき、「最大多数の最大幸福」という唯一の原理に従っているのではなく、いくつもの原理や根拠を援用して判断しているのです。

功利主義への批判②：社会全体の幸福が増大するなら誰かが不幸になってもよいのか

功利主義に対して投げかけられてきたもう一つの伝統的な疑問は、社会全体の幸福の総量が増大するなら誰かが不幸になってもよいのか、というものです。すべての人が幸福な社会が望ましいものであることは言うまでもありませんが、現実には不幸な人が存在しない社会が実現することはおそらくないでしょう。そうした現実の社会においても、やはり「最大多数の最大幸福」が正しさの唯一の原理なのでしょうか？

功利主義の倫理学者（の一部）は「そのとおり」と答えます。たとえば、生命倫理学の分野ではよく知られた**サバイバル・ロッタリー**（生き残るためのくじ引き）という議論がありま す。イギリスの生命倫理学者ジョン・ハリス（一九四五〜）が提起した議論で、「臓器移植をすれば二人の人間が助かるのであれば、一人の健康な人間を殺して臓器を摘出するのは正しいことではないか」というものです。だとすると、臓器を摘出するために殺される人をくじ引きで選んではどうかというのです（ジョン・ハリス「臓器移植の必要性」、加藤尚武他編『バイオエシックスの基礎』東海大学出版会所収）。

なにやらディストピア（悪夢的な世界）を描いた小説の舞台設定のようです。たいていの人は「とんでもない」と思うことでしょう。私もそう思います。もちろん、社会全体のために一部の人が不利益を我慢しなければならない場合もあるでしょうが、その不利益は、本人が納得したうえで、お金をもらって我慢できる程度のことでなくてはなりません。「正しさとは社会全体の幸福の最大化だ」と一方的に決めつけて、それに納得しない人も強制的にいうことをきかせる（さらには殺害する）のは、それ自体、不正な行為というべきでしょう。

「正しさ」についての経済学的な考え方

幸いなことにというべきか、倫理学者がどのような議論をしていても、たいていの人はそれを知ることとさえないでしょう。しかし、いささか困ったことにというべきか、「最大多数の最大幸福」を唯一の正しさの原理だとする功利主義の思想は、経済学という巨大な影響力を持つ学問分野にも受け継がれています。哲学や倫理学の分野では「功利」と訳されるユーティリティという言葉は、経済学では「効用」と訳されます。言うまでもなく、これは経済学におけるもっとも基本的な概念の一つです。

経済学では人間とは基本的に**ホモ・エコノミクス**（自分の得られる効用＝幸福を最大化するために理性を行使する人間）だと考えます。そして、個々人が最大限の自分の効用を追求することで、社会全体として最大限の効用が得られると考えます。市場では、売り手は自分の商品をなるべく高く売りたいと思います。他方、買い手はなるべく安く買いたいと思います。そうした「ホモ・エコノミクス」同士が、いちばん高く買ってくれる買い手、いちばん安く売ってくれる売り手を探したり、お互いに交渉したりすることで、売り手と買い手の利害が一致する価格で取引が行われます。それはつまり、売り手と買い手双方の効用が最大化される価格なのです。

近年、どんなものであってもこうした自由市場における価格決定のメカニズムを適用すればもっとも効率的な資源の配分が行われ、社会全体の効用を最大化できる(「最大多数の最大幸福」が実現できる)という新自由主義的な考えが広まっています。そうした風潮の中で、従来であれば道徳的に悪と考えられてきたようなことについても、お金を払えばできるようにするといった例もあります。アメリカの政治哲学者マイケル・サンデル(一九五三〜)が、『それをお金で買いますか』(鬼澤忍訳、早川書房)という本で多くの例を挙げています。その中からいくつか紹介しましょう。たとえば、

・刑務所の独房の格上げ(囚人が特別料金を払うと清潔で静かな独房に入れる):一晩八二ドル。
・インドの代理母による妊娠代行サービス:六二五〇ドル。
・絶滅の危機に瀕《ひん》したクロサイを撃つ権利:一五万ドル。

・子どもを名門大学に入学させる：？ドル。

いずれもギョッとするような話ですが、サンデルによるとアメリカでは（クロサイについては南アフリカでは）実際にこうしたことが行われているそうです。なぜこうしたことが許されるのか。一つの答えは、こうすることによって最大限の効用が得られるからです。クロサイの例がわかりやすいでしょう。多くのクロサイが南アフリカの大牧場の敷地内に生息しています。そこで、一部のクロサイを、狩猟を趣味とする裕福な人に撃たせて高額の料金を取ることを認めれば、牧場主はクロサイを保護しようとします。その結果、そうしない場合よりも多くのクロサイが保護されるのです。

これは、お金では取引できない「道徳的な善悪」という特別な領域は存在せず、「社会的な効用の最大化」が唯一の正しさの基準だという考え方です。つまり、従来であれば道徳的な善悪に関わる問題だと考えられてきたようなことについても、価格をつけて市場のメカニズムで調整すれば、希少な資源（快適な独房とか、妊娠出産の能力とか、クロサイとか、大学の入学枠など）の最適な配分ができ、社会的な効用の最大化が達成できる。これは要するに、どんなものであってもいちばん高い価格をつけた人に配分するのが正しい配分の仕方である、ということです。いちばん高い価格をつけた人は、それをいちばん欲しいと思っている人であり、それを得ることでもっとも幸福になる人だからです。

サンデルの経済学批判

それに対してサンデルは、お金では買えないものがある、つまり経済的な価値以外の価値もあると主張します。彼が挙げるわかりやすい例はノーベル賞です。ノーベル賞は科学や文化や世界平和への偉大な貢献に対する栄誉です。そうした栄誉は明らかにお金では買えません。もしも、実はノーベル賞が選考委員会にいちばんたくさんお金を払った人に与えられるものだったということが発覚したら、誰もノーベル賞を栄誉だとは思わなくなるでしょう。そして、誰も巨額のお金で選考委員会を買収しようと思わなくなるでしょう。お金で買えないものを無理にお金で買おうとすると、その価値を破壊してしまうのです。

これはつまり、どんなものであってもいちばん高い価格をつけた人に配分するのが正しい配分の仕方だとは限らないということです。いちばん高い価格をつけるのはそれをいちばん欲しがっている人なのでしょうが、どんなものであれ欲しがっている人に与えればよいというわけではありません。**それを得るのにふさわしくない人がいくら欲しがっても得られない**

もの、与えるべきでないものがある。ノーベル賞はまさにその典型的な例でしょう。

同様に、快適な独房は、いくらお金を持っていても改心していない囚人に与えるべきではないし、勉強のできない学生は、親がいくらお金を積んでも大学入学を許可してはならない。これらは、お金以外の基準で、それにふさわしい人に配分するべきものです。また、妊娠出産の能力やクロサイなど、そもそも配分してよいとは思えないものもあります。要するに、希少な資源の配分の手段として市場のメカニズムを使うべきでない場合もあるのです。

サンデルは、いちばん高い価格をつけた人に配分するのが正しい配分の仕方なのかという点について、もう一つの論点から批判しています。「市場価格に反映されるのは支払い意志だけではなく、支払い能力でもある」という点です。

市場に参加する人たちがみな同じだけのお金を持っていれば、各人がある商品を手に入れるために払ってもよいと考える金額は、各人がそれをどれぐらい欲しいと思っているかを正確に反映するかもしれません。しかし、現実の世界にはお金持ちと貧乏人とがいます。そして貧乏人は、ある商品がとても必要であっても、それを買えるだけのお金を持っていないかもしれません。つまり、市場においていちばん高い価格をつけた人は、それを得ることでもっとも幸福になる人かもしれませんが、それ以前に、その価格を払えるだけのお金を持っている人でなければならないのです。

そこでサンデルが挙げているのは「シェイクスピア劇をとても見たがっているがそのチケット代が払えない人」といったいささか高尚な例です。彼の論点は、お金では買えない価値というものがあるということなので、そうした例になるのでしょう。

しかし、いちばん高い価格をつけた人に配分するのが正しい配分の仕方なのかという問題は、もっと通俗的な商品についても考えるべき問題です。たとえば食料品はどうでしょうか。食料品の供給が滞ったときには、お金持ちはたくさんの金を払ってそれを得ようとします。すると価格が高騰します。その結果、貧乏人は食料品が買えずに不幸になります。それでいいのか、ということです。

こうしたとき、多くの人は「政府が食料品の価格を統制して貧乏な人にも買えるようにすればよい」と考えるかもしれませんが、多くの経済学者はそれに反対するのではないかと思います。まず、そのようなことをすれば売り上げの総額が減り、社会全体の効用が低下します。それに、あっという間に品不足に陥って、お店から食料品が消えてしまうかもしれません。もしそうなっても、金持ちは闇市で高額のお金を払って入手するかもしれません。増産してもあまり高い値段で売れないとなると、供給者は急いで増産しないだろうから、品不足が長引くかもしれません。結局、自由市場に任せておくのが最善の選択だ、というのが経済学の教科書的な解答でしょう。

　こうした経済学者の言い分はもっともな気もしますが、だからといってたいていの人は「貧乏人は飢えてよい」と結論することには抵抗を感じるでしょう。筋金入りの新自由主義の経済学者であっても、人前でそのように断言することは避けると思います。食料品が不足したときに貧乏人だけが飢え、金持ちは飢えないのは不公平だ。社会全体を苦難が襲ったときには、希少な資源を市場のメカニズムによって効率的に配分するよりは、多少非効率であっても平等に配分することが正しい。多くの人はそのように考えるのではないでしょうか。それにもかかわらず、どんなときにも自由市場に任せておいて、貧乏人だけが飢え、金持ちは飢えないということになれば、暴動が起こって市場そのものが破壊されてしまうかもしれません。

　要するに、**事実として人間は、経済学的に効率的な資源の配分や社会的な効用の最大化とは別の価値判断を行うことがあり、それにもとづいて行動することもある**ということです。経済学者はそれを「非合理」や「無知」と思うかもしれません。しかし、経済学が前提とする「最大多数の最大幸福こそが唯一の正しさの原理だ」という功利主義は、「およそすべての人間は幸福を求める」という、人間についての事実を根拠とする理論でした。そして、ここまでの議論から見えてくることは、「人間は、平等など幸福以外の価値を求めるものでもある」という、功利主義が必ずしも直視してこなかった事実です。理論を作るときに、「人間は幸福を求める」という事実だけを採用して、「人間は平等を求める」という事実を無視するのは、ご都合主義というものでしょう。

もちろん、人間がどんなことを感じるかという事実は、何が正しいのかということとイコールではありません。しかし、人間にとって正しさは何かを考えるためには、まずは人間における事実を正確に認識しておくことが必要です。

最後通牒ゲーム

先ほど述べたように、経済学では基本的に人間を「ホモ・エコノミクス」と見なしますが、経済学の内部でもそうした単純な見方に対する異論があります。とりわけ、**行動経済学**と呼ばれる分野では、実験を行うことで人間の行動選択のあり方を実証的に検討しています。そこで明らかになったことは、人間は自分の利益をなげうってでも公正や平等を守ろうとする傾向があるということです。

その中でもよく知られた実験に、**最後通牒《つうちょう》ゲーム**というのがあります。これは、ハンガリー出身のノーベル賞経済学者ジョン・ハーサニ（一九二〇～二〇〇〇）が考案した実験です。簡単に説明すると、実験者は被験者Aにたとえば千円渡します。Aはそのうちのいくらかをもう一人の被験者Bに分け与えます。Bが申し出を受け入れたら二人ともその額を受け取れるが、Bが拒否すれば二人とも受け取れないというルールです。

経済学的な合理性という観点からすれば、Bは一円でももらえればラッキーなので、受け入れるべきです。配分がゼロ円であれば、Bは拒否しても受け入れてもどちらでもいいので、確率二分の一で拒否することになるでしょう。Bがそのように考えるとすると、AはBに一円を与えるのがもっとも合理的ということになります。

ところが、実際にこのゲームをやってみると、A役をやった人のほとんどは一円だけ渡すという選択はしません。平均すると、配分額はおおむね三割から四割程度になるようです。それ以下の額を提示されると、B役の人のかなり多くが拒否します。この実験は世界各国で行われましたが、どこでやってもだいたい同じ結果が出ます。つまり**人間は、自分の利益をなげうってでも、利益を独占しようとする「不正な人間」を罰しようとする**のです。他方、A役の人は利益を独占するのが後ろめたいので、三割から四割程度を配分します。

人間には、利益を得ることよりも公正さを守ることを優先する傾向があることは、その他のいくつもの実験から示されています。ここではこれ以上取り上げませんが、「独裁者ゲーム」や「公共財ゲーム」などの実験について、ご自分で調べてみるとよいでしょう。

先ほど、「平等は道徳的原理だ」と述べましたが、平等の観念は、こうした「利益の独占を不正だと感じる感性」から派生します。

ここまでの話を一言でまとめると、道徳的な正しさは「最大多数の最大幸福」といった唯一の原理によって説明しつくすことはできず、人間の価値観の中には「道徳的な善悪」という特別な領域が存在するということです。このことについてはだいたいわかってもらえたと思いますので、以下では、その道徳的な善悪がどこからきてどのようにして成立するのかを考えていきます。

人間における生物学的要素は感情にあらわれる

第2章で、人間の考え方や感じ方、ふるまい方などの精神面についても生物学的要素の影響があると論じました。道徳的な善悪についても、かなりな程度の普遍性がみられるようです。ブラウンが言うように「暴力やレイプや殺人」をよいことだと考えるような文化は存在しませんし、先ほど見たように、多くの人は自分の利益をなげうってでも不正な人を罰しようとします。

しかし、生物学的要素はどのような仕組みで人間の行動に影響を与えるのでしょうか。私たち自身が知らないうちに、遺伝子が私たちの行動を操っているのでしょうか。私の考えを言うと、個々の人間において（あるいは個々の動物において）、**行動に関わる生物学的・遺伝的な要素は感情を通じて効果を発揮する**のだと思います。そして、道徳的な善悪は、そうした感情に由来するのだと思います。

たとえば、インセスト（近親婚）が回避されるのは、遺伝学的な説明としては、先天的な障害を負う子どもが生まれるリスクが高くなるからですが、多くの人々はそのような知識を持っていないでしょう。しかし、近親者と性行為をすることに嫌悪を感じます。そうした嫌悪感がインセストを回避させます（実際には、近親者かどうかは見た目ではわからないので、幼児期から一緒に育った者との性行為が嫌悪される）。

おそらくチンパンジーやゴリラなどでもそうなのでしょう。そうした動物では、インセストを避けるために、成長した子どもは群れを出ていきます。そのとき子どもたちはおそらく、これまで「大好き」だった親が突然「嫌い」になるので出ていくのでしょうし、親の側も子どもたちに対して同様に感じるので追い出そうとするのでしょう。人間に思春期があるのは、もともとはそういう群れで暮らす動物が感じる感情の仕組みが人間にも残っているからではないかと思われます。

人間が集団生活をするのも、個々人が一人でいることに対して「さびしい」と感じることが重要な要因となっています。年齢や性によって社会的序列や役割分担が決まるのも、「自分より劣位だ」と感じられる相手が自分に従わないことに対していらだちや腹立ちを感じることが要因としてあるでしょう。

倫理学の授業でときどき、「どうして人を殺してはいけないんですか」という議論を吹っかけてくる学生さんがいます。論理的な答えは当然、「人を殺してよいということは、人であるあなた自身が殺されてもよいということを意味するが、それを支持する人はいないから」ですが、それはさておいて、たいていの人間は人を殺すこと、殺されているのを見ることに強烈な抵抗を感じます。ケンカして腹が立って殴りつけることはあっても、相手が出血して苦しめばそれ以上攻撃しようとは思わなくなるのが通常です。たいていの人は、人を殺してはいけないから殺さないのではなく、人を殺せないような感情の仕組みを持っているのです。

ただし、暴力が集団で行われているときには、そうした歯止めがかからなくなります。「仲間の手前、弱気なところは見せられない」と感じるからです。

このように、行動に関わる生物学的・遺伝的な要素が個々人の行動に影響を与えるのは、感情を通じてなのだと思われます。つまり、ある種の行動が好まれ、ある種の行動が嫌悪や怒りの対象となる。こうした感情の仕組みが、人間における道徳的な善悪の起源にあるのです。**「好ましい・喜ばしい」といった感情や、「嫌悪・怒り」といった感情が、単なる経済的な損得勘定とは異なる「道徳的な善悪」という領域を開く**のです。

道徳感情についての進化論的な謎

人間の道徳の起源には感情があり、感情は生物学的・遺伝的な要素の表れだとすると、当然、道徳には進化論的な説明が可能だということになるでしょう。そこで近年、**進化心理学**や**進化倫理学**といった学問分野が立ちあげられています。進化心理学にせよ進化倫理学にせよ、人間の感情がどのような進化の結果、形成されたのかを考える学問です。進化倫理学は、感情の中でも道徳的な善悪にかかわる感情を主に扱い、道徳感情が人間という生物種において普遍的であることの理由を説明しようとします。

私が見るに、こうした研究では、道徳感情（善悪についての感情的な反応）と道徳そのものとの区別があいまいであるように思われます。先に私は、「感情の仕組みが道徳の起源にある」と述べました。私としては、善悪についての個々人の感情を出発点として、他人との間で行為の善悪についての合意が形成されることで道徳が作られるのだと考えています。つまり、ある行為について善や悪だと個人が感じることと、その行為が善や悪だと社会的に合意されることとは別だということです。そして、「正しさ」とは、どのようにふるまうことが**道徳的に正しいのかについての共通了解のこと**です。

この点については既に、家族の中で牛肉を買うか豚肉を買うかといったことを例にして、「どのように行為するのが正しいのかは、一つの行為に複数の人間が関わるときに作られる」と述べましたが、後ほどさらに詳しく考えることにして、まずは進化倫理学の議論を概観しておきましょう。

一般に、進化論（ダーウィニズム）は、遺伝子の突然変異と自然選択の組み合わせで生物の進化を説明します。よく言われる例でいうと、もともとは首の短い動物だったキリンの祖先の中に、突然変異で首の長い個体が生まれる。その個体は他の個体が手に入れられない高い枝の葉を食べることができるため、より健康で強くなり、その結果として子どもをたくさん残す。その子どもたちには「長い首の遺伝子」が遺伝するので首が長くなり、そのおかげで子どもをたくさん残す。それを何世代か繰り返すと、首の長いキリンばかりになる。これが、キリンの首が長いことについての進化論の説明です。

進化倫理学では、人間の行動や感情についても、それを行ったり感じたりする個体がたくさん子どもを残した（つまり、自分の遺伝子を次の世代にたくさん伝えた）ことで進化してきたと考えます。ところが、人間の行動の中には、それでは説明しにくいことがたくさんあります。その最たるものが利他的な行動です。そして、利他的な行動こそが人間の道徳における善の主要な要素です。

人間以外の動物であっても、自分の子どもは保護し、養います。兄弟姉妹を援助する動物もいます。進化論では、そうした行動は、子どもや兄弟姉妹が自分と遺伝子を共有しているからだと考えます。自分の子どもは自分の遺伝子の半分を受け継いでいますし、兄弟姉妹も半分の遺伝子を自分と共有しています。それゆえ、子どもや兄弟姉妹に対して利他的にふるまうことは、自分の遺伝子を増やすという利己的な目的にかなっているのです。

動物の行動原理は自分の遺伝子を増やすことだという観点からすると、まったく血縁関係のない個体を援助することには意味がありません。そして実際、人間以外の動物ではそのような行動はかなりまれです。ところが人間の日常生活のほとんどは、職場の同僚や友人など血縁関係のない人たちとの助け合いで成り立っており、そうした仲間に対して利他的にふるまうことが当たり前となっています。これが当たり前でない文化など存在しません。私たちは**他人と助け合うことに大きな喜びを感じる感性**を持っているのです。これはいったいどうしてなのでしょうか。これが、進化倫理学が扱う問題です。

その他にも人間には、他の動物にはあまり見られない感情があるようです。それは、**不正に対する怒り**です。先ほど見たように、人間は利益を独占するなどの行為を不正だと感じ、それを罰したいと感じます。利益を独占する以外にも、たとえば他人の物を盗んだり、すぐに暴力をふるったりする者にはさらに大きな怒りを感じるものです。こうした不正に対する感情が、道徳における悪の背景にあります。

もちろん、犬や猫を飼っている人には明らかでしょうが、人間以外の動物であっても喜びや怒り、恐怖や嫌悪といった感情は感じているようです。感情とは、周囲の状況や対象に対する反射的な（つまり、意識的な思考に先立つ高速の）反応です。脳は、周囲の状況や対象が自分の生存にとってどのような意味を持つのか、有害なのか有益なのかを、主に自分の生物種としての条件に照らして高速で分析しますが、そのプロセスは意識されません。意識は、そうした分析のあとで、分析結果に応じた感情を感じます。そして感情が、周囲の状況に対する適切な行動へと動物を導きます。たとえば怒りとは、自分より弱そうな相手に攻撃されたときに反撃を引き起こす感情です。攻撃してきた相手が自分より強そうであれば恐怖を感じます。恐怖は逃走を引き起こす感情です。このように動物は、感情に従って行動することで、状況に対応して適切に生きています。

しかし、多くの動物には不正を感じる感性はありません。よくテレビの動物番組で、チーターが倒した獲物をハイエナが奪うシーンが放送されます。それを見た人間は、「ハイエナはずるい」と思いますが、おそらく当のチーターは、獲物を奪われて怒るかもしれませんが、ハイエナが不正を行ったとは思わないでしょう。ハイエナにしても、手に入れやすい餌を手に入れただけで、不正を働いているつもりはないに違いありません。

進化論的に考えると、チーターがハイエナに対して不正を感じる感性が進化する余地はありません。ハイエナに不正を感じるチーターが、感じないチーターよりも多くの子どもを残すとは考えられないからです。最後通牒ゲームで見たように、不正を感じるということは、多少の不利益を我慢してでも報復しようとするということです。それはハイエナと、餌を得られるわけでもないのにわざわざ闘争するということですから、ハイエナに対して不正を感じる個体は、感じない個体よりもケガをするリスクが高く、短命で子どもを残さない可能性の方が高いのです。

このように考えると、人間は不正を感じ取ってそれに怒り、多少の不利益を被ってでも報復しようとすることが、どうして進化できたのかが謎だということになります。

進化倫理学による説明

このように、人間における利他的行動（善の起源）と不正への怒り（悪の起源）のいずれもが、通常の進化論では説明しにくいのです。進化倫理学では、この謎についての説明を、人間が社会の中で生きているという点に求めます。よく知られている理論は、アメリカの進化生物学者リチャード・アレグザンダー（一九二九〜二〇一八）の**間接互恵の理論**です（Richard D. Alexander, *The Biology of Moral Systems*, Routledge, 1987）。

まず、「間接互恵」でない通常の「互恵（reciprocity）」から説明しましょう。互恵とは、相手がよいことをしてくれたらよいことを返してあげ、悪い相手には悪いことを返すということです。私たちの日常生活でも、これは当たり前のことでしょう。お歳暮やお中元をくれた相手にはちゃんとお返しをしなくてはなりません。以前、授業中に鉛筆を貸してくれなかった相手が、今度は自分に何か頼みごとをしてきたら、当然断る（あるいは、頼みを聞いてやるにしても嫌みの一つも言う）でしょう。

こうした互恵的な行動は、群れで生きていて、仲間の個体識別ができる程度の知能があれば、進化論的に十分に説明がつきます。仲間と助け合う個体は、そうしない個体よりも生き残りやすく、子どもをたくさん残せるからです。そして実際、チスイコウモリなど、群れを作って生きるいくつかの動物では互恵的な行動が観察されるそうです。チスイコウモリは、餌にありつけなかった仲間に自分が吸ってきた血を吐き戻して与えます。もらった方は、誰がくれたのかを覚えていて、くれた相手には次回その相手が空腹で自分が満腹の時には血を分けますが、以前くれなかった相手にはやらないそうです。

不正への怒りは、こうした助け合いの行動が維持されるために必要な感情です。助け合いの行動はお互いの利益になりますが、もしも親切にしてやった相手がずるいやつで、お返しをせずに逃げてしまったら、こちらは大損です。単に親切なだけの動物の群れは、親切にタダ乗りして自分は何の貢献もしない個体の食い物にされてしまいます。なので、そうした相手には報復しなくてはなりません。不正への怒りという感情は、タダ乗りする個体を群れから追い出すことが利益になることから進化してきたわけです。

なお、不正な個体を暴力によって攻撃すると自分がケガをするかもしれないので、次からは親切にしないという対応の方が合理的なことが多いです。人間でも、不正な相手を攻撃することはそれほど多くなく、次からは付き合いをやめるという人がほとんどでしょう。

このように、通常の互恵的な行動は人間以外の動物でも観察されるし、そうした行動を取る動物は不正への怒りも感じているのではないかと思われます。

しかし、人間の場合には、行きずりの人を助けたり、見も知らぬ遠い国の難民を支援したりなど、見返りが期待できない相手に対しても親切にすることがあります。これは、他の動物にはまず見られない行動です。そして、これこそが真の意味で利他的行動でしょう。見返りを期待して親切にするのは、結局のところ自分の利益である見返りが目的なのですから、利他的ではありません。

アレグザンダーの間接互恵の理論は、こうした見返りを求めない利他的行動を説明しようとするものです。要点を一言でいうと、直接的な見返りが期待できない相手に親切にすることで、社会の中での評判がよくなるので、結局のところその人の利益になるというのです。

先ほども書きましたが、助け合いの行動はお互いの利益になりますが、もしも相手がずるいやつで、お返しをせずに逃げてしまったら、こちらは大損です。なので、親切にしてやる前に、相手がずるいやつでないかどうか、しっかりと見極めなければなりません。「利他的な人だ」という評判は、そうした見極めを行うときの判断材料になります。それゆえ、見返りを求めずに誰にでも親切にする人は、多くの人と助け合いの関係を結んでもらえることになります。その結果、大きな利益を得るのです。身近な例で考えてみれば、「誰にでもサービスがよい」と評判のお店は繁盛するということです（なお、相手がずるいやつかどうかの見極めが重要なので、よい評判よりも悪い評判の方が数も多く広がるのも急速です）。

なんだか詭《き》弁《べん》的なこじつけの議論のように思われるかもしれませんし、私自身も「なんかしょうもない話やな〜」と思わないわけでもないですが、どんなにすばらしい性質であっても、それを持つことで他の個体よりもたくさんの子どもを残せないのであれば進化のしようがないので、進化論的な説明がこのような形になるのはいたしかたありません。

付言すると、見返りを求めない利他的行動が評判によって利益になるということは、そのような行動を取ろうと思う本人に自覚されていることではありません。むしろ、「よい評判を広めるために親切にしよう」と思っている人は、たいていの場合、そう思っていることが見抜かれてしまい、かえって評判を落とすものです。それゆえ、**他人に親切にすることに無条件に喜びを感じるような感性こそが、進化してくる**のです。人間には、人を見たらわけもなく親切にしたいと思う傾向があるということです。

動物には感情はあるが「正しさ」はない

このように進化倫理学は、人間には不正に怒りを感じる傾向があること、見ず知らずの人にも親切にしようとする傾向があることについて、人間という生物が社会の中で生きていることから説明します。道徳感情は、人間という生物種の持つ特徴であって、普遍性があるということです。

先に述べたとおり、こうした普遍的な道徳感情は道徳の起源ではあるが道徳そのものではない、というのが私の考えです。善悪についての個人の感情と社会的な合意とは別ものです。ある個人がよかれと思ってやった行為が本当に相手のためになっているのかどうか、ある個人が「不正だから報復せねばならぬ」と思った相手の行為が本当に不正なのかどうかについての合意こそが、「正しさ」というものです。この点について、進化倫理学での区別はあいまいだと思います。そこで以下では、感情から道徳（行為の善悪についての社会的合意）がどのようにして成立するのかについて考えていくことにしましょう。

まず、人間以外の動物における感情と行動のあり方を見ていきましょう。これまでに見てきたように、感情とは行動を引き起こすものです。もちろん、人間は感情直結で行動するわけではありませんが、人間以外の動物であれば、感情はほぼ自動的に行動を引き起こします。成長した子どもは必ず群れを出ていきますし、群れの中での序列を破った者はボコボコにされます（その戦いで、序列を破った者が勝てば序列が変わります）。動物の行動は感情に従って、すなわち生物学的な要因によっておおむね規定されています。

それゆえに、たとえばゴリラやチンパンジーはアフリカのかなり広い範囲に住んでいますが、群れの構成や規模は基本的に同じです。ゴリラであれば一頭の大人のオスと複数の大人のメスとその子どもたちで構成されており、子どもたちはオス、メスともに成長すれば群れから出ていきます。チンパンジーは複数のオスとメスが合計数十頭から百頭程度の群れを成しており、オスの子どもは成長しても群れに留まりますが、メスの子どもは成長すると群れから出ていきます。

もちろん、動物といっても単なる機械ではありませんので、状況の一面を捉えて反射的に行動するだけではありません。ゴリラやチンパンジーのように群れで生活し、知能も高い動物であればなおさらです。そうした動物は、仲間が何を感じ、何をしようとしているかを読み取って、それに対応した行動をとります。

しかしかれらは、そうした場面でも自分の感情や行動の意図を意図的に仲間に伝えることはありません。感情は、眼前の状況に対する反射的な反応です。そして、感情は表情を変化させます。表情を見れば相手の感情を読み取ることができますが、そのとき相手は感情を伝えようとして意図的に表情を変化させているわけではないのです。

また、身体の動きを見れば、その個体が何をしようとしているのかはだいたいわかります。たとえば、仲間が果実のなっている木に登っていくのを見れば、餌を食べにいこうとしているのだとわかります。しかし、その行動をしている個体は、単に餌を取るために木に登っているのであって、自分が餌を取りにいくことを伝えるために木に登っているのではありません。

つまり**動物において「コミュニケーション」は意図的に行われるものではなく、自然に現れる表情や身振りから相手の感情や行動の意図を推測するという一方的なもの**です。群れで円滑に生活するにはたいていの場合これで用が足りるので、自分の感情や意図を意図的に相手に伝える行動が出現する必然性はないと思われます。

チンパンジーは、集団で狩りをすることが知られていますが、そうした集団行動は人間の共同作業とは似て非なるものです。人間の場合であれば、作業の目的や役割分担を事前に話し合って決めておきます。しかしチンパンジーはそのようなことはしません。獲物になる小型のサルなどを発見した個体が、「捕って食いたい」と感じる。それで獲物を追いはじめます。その様子を見た仲間は、自分も獲物を追いかけたり、あるいは逃げる獲物の行き先を予測してそちらに回りこんだりします。それらはすべて、各自の判断で行われます。「俺は追うから、お前は先回りしろ」などと連絡したりはしません。

それで首尾よく獲物を捕まえた後、各自の働きに応じて獲物を分配するといったこともありません。人間の狩りであれば、家で留守番役をしている人にも黙っていても獲物が分配されますが、チンパンジーは、獲物を手にした個体に対して自分から積極的に要求してはじめて分けてもらえます。その場合も、要求する側は、「自分は獲物を直接捕獲しなかったが、追跡するという重要な役割を果たしたのだから、分配は正当な要求だ」などと思っているわけではないでしょう。単に獲物を持っている相手から分けてもらおうと思っているだけだと思われます。

要するにチンパンジーは、他の個体の感情や行動の意図を読み取ってそれに対応してはいるものの、自分の感情や行動の意図などを意図的に相手に伝えて共有を図るといったことはないのです。

かれらは、見返りを求めずに見ず知らずの個体に親切にすることはありませんが、仲間内では通常の互恵的な行動を行いますし、ひょっとすると不正に対する怒りといった道徳感情もあるのかもしれません。しかし、そうだとしても、各個体がそれぞれに「餌を独占するあいつは不正だ」と腹を立てたり、その感情に従って報復したりするだけであって、合意された共有された正しさはないということです。何かについて合意するためには、話し合うための言語が必要ですが、動物には言語がないのです。

動物には叫び声はあるが言語はない

ゴリラやチンパンジーは、状況や感情に応じてさまざまな鳴き声を上げますが、そうした声は言語に相当するものではなく、人間でいえばとっさの叫び声に相当するものと考えるのが妥当です。

人間も、言語を話す以外にさまざまな声を出します。驚いたときには「わっ」と、痛いときには「ぎゃっ」と叫びます。楽しいときには「わっはっは」、悲しいときには「うえーん」といった声が出てしまいます。こうした声は人類普遍的であり、私たちはまったく異なる文化圏の人たちの叫び声を聞いて、かれらが驚いているのか痛いのか、楽しいのか悲しいのかを正確に読み取ることができます。しかしもちろん、そうした声を上げている本人は、他人に自分の感情を伝えることを意図してわざわざ声を上げているのではありません。そうした声は自然に出てしまうのです。むしろそうした声を意図的に抑えることは困難です。

テレビの動物番組などで、「動物の言語」と称するものが紹介されることがあります。たとえば、アフリカのサバンナに住むベルベットモンキーというサルには、三種類の天敵がいます。ヒョウとワシとヘビです。ベルベットモンキーは、それぞれの敵に対応した三種類の叫び声を鳴き分けるそうです。ヒョウを見た個体が叫ぶと、他の個体はそれを聞いて地上を警戒しながら木の枝の先の細いところに逃げます。ワシを見た個体の叫び声を聞いた場合は、空を見上げながら木の葉の茂ったところに隠れます。ヘビの場合は、二本足で立ちあがってあたりを見回します。

こうした行動を人間が観察すると、ベルベットモンキーが「ヒョウだ！」「ワシだ！」「ヘビだ！」などと、仲間に言葉で伝えているように思うかもしれません。しかし、かれらの叫び声を人間の言葉と同じようなものと考えるのは誤りです。なぜかというと、そうした声は状況に対応して自然に出てしまうものだからです。ヒョウを見たベルベットモンキーは叫ばずにはいられません。そうした声は、人間でいえば驚いたときに出る叫び声に相当するのです。

それに対して、**人間の言語の著しい特徴は、言葉の指示する対象がその場にないときにも発せられること**です。たとえば人間は、ヒョウがいないときに「ヒョウ」と言うことができます。それだけではありません。それを聞いた他の人間は、「この人はヒョウに驚いて叫んだのではなく、ヒョウについて何か語りたいんだ」と理解します。

これは、ベルベットモンキーにはできないことです。かれらは、ヒョウがいないときにヒョウに対応する叫び声を発することはありません。また、たとえそうしたとしても、仲間から「やつはヒョウについて語りたいから声を出しているんだ」と理解してもらえることもないでしょう。仲間はヒョウがいると思って逃げだすだけです。それを何度か繰り返しているうちに理解してもらえることもありません。ヒョウがいないときに叫ぶ個体は信用を失い、その個体が叫んでも誰も逃げなくなるだけでしょう。

第2章で、チョムスキーが「言語を学ぶには生得的な知識が必要だ」と主張したことを見ました。チョムスキー自身はそうした生得的な知識とは文法についての知識だと考えたのですが、私としては、言語を学ぶために必要なことは**声を出すことが伝達行動であることの理解**であり、その理解が達成できるように人間に生得的に備わっているものは**「自分の感情や**

意図を仲間に伝えたい」という感情や欲求だと考えています〈言語がどのようにして成立するのかについては『人間科学の哲学――自由と創造性はどこへいくのか』〈勁草書房〉で詳しく論じたので、よかったらそちらも読んでください〉。

私たちは子どもに言葉を教えるときに、たとえば、リンゴを見せて「これはリンゴだよ」と教えます。ただそれだけのことで子どもたちが言葉を学ぶことができるのは、かれらが私のその行為を見て、私がリンゴを見つけて叫んでいるのではなく、この物体の名前を伝えようとしているのだと理解するからです。

こうした理解は伝達行動がなされるための前提ですから、伝達して教えることはできません。子どもたちは何とかして自力で気づくしかない。論理的に考えれば、これは非常に困難な課題です。にもかかわらず、子どもたちは〈重度の障害があるなどの特別な事情がない限り〉全員が、ほとんど迷うこともなく、そうした理解を達成します。

他方、チンパンジーであれその他の動物であれ、私がかれらにリンゴを示して「リンゴ」と言ったぐらいのことでは決して言語を学びません。かれらは、「リンゴ」という声を出す私がいったい何のためにそんなことをしているのか理解できないのです。

チンパンジーなど群れで暮らす多くの動物は、他の個体の感情や行動の意図を巧みに読み取ります。それはかれらが、仲間も自分と同じような感情を持ち、同じような意図にもとづいて行動することを（おそらくは生得的に）知っているからです。他者の行動は、自分も行うものである限りにおいて、それが何のための行動であるかが理解できます。

　ところが、かれらが行う行動のレパートリーのなかには伝達行動というものは含まれていません。かれらには、伝達行動を動機づけるための、自分の感情や意図を仲間に伝達したいという感情や欲求がありません。そのため、私が「リンゴ」という声を出していることが伝達行動であるということは、かれらには想像もできないのです。

人間は新しい行動を創造し伝達する

　ここまで、「道徳的な正しさ」の背景には、見ず知らずの人にも親切にしたいと思う感情や、利益を独占するなどの行為を不正だと感じて、自分の利益をなげうってでもそうした行為をする者を罰したいと思う感情があるということ、そうした道徳感情の萌芽《ほうが》は、チンパンジーなど群れで暮らし、仲間の個体識別ができる程度の知能がある動物であれば見られるであろうことについて説明してきました。

　ただし、人間以外の動物では、各自が感じている感情や行動の意図を仲間に伝達することがないために、他者の感情や意図の理解は各自が勝手に行うものであって、正しさについての相互理解が成立することはないのです。かれらは群れで生きていますが、それにもかかわらず、自分一人の世界（人間でいえば「赤ちゃんの世界」：59ページ）から抜け出すことなく生きているといってもよいかもしれません。

かれらは基本的に、生得的な行動レパートリーに含まれない行動は行いません。たとえ、ある個体がたまたま思いついて、そこに含まれない新しい行動を始めたとしても、その個体以外の者には理解されず、広まることもないでしょう。それゆえ、かれらの行動はおおむね生物学的な要因によって規定されたままにとどまり、群れの構成や規模は住んでいる地域が異なっても基本的に同じです。

しかし、人間はそうではありません。私たちは、他人の感情や行動の意図を推定して理解しますが、それだけでなく、自分の感情や意図を積極的に伝達しようとします。そのとき受け手の側も、私が何かを伝達しようとしているのだと理解し、伝達内容を理解してくれます。それによってはじめて、誰かが新しく始めた行動が他の人にも伝達され理解され、広がっていくことができます。人間は、生物学的な要因によって規定された行動以外の行動も行うようになり、新たな社会のあり方や文化が創造されていきます。そうして他者との間で創造されていくものの一つとして「正しさ」もあるというのが、私の考えです。

「正しさ」を作っていかなければならない場合

人間が行動を選択するときには、自分の事情や感情だけでなく、その行動に巻き込まれる人の事情や感情についても考慮し、さらには聞いてみて確認します。何かトラブルが生じた場合でも、怒りにまかせて行動することはなるべく避けて、まずは相手の言い分を聞こうとするものです。動物のように、自分の感情だけにもとづいて行動する人は、人間社会の中では「困った人」扱いされることでしょう。

もちろん、実際問題として人間も行動のいちいちについてそんなに深く考えて選択しているわけではありません。「困った人」もけっこういます。たいていの人は、自分の行動に巻き込まれる人の事情や感情について考慮はするでしょうが、いちいち聞いて確認することまではせず、自分で勝手に推定するだけで済ませています。チンパンジーの集団行動と同じです。チンパンジーがそれでそこそこ円滑に群れで生活しているように、人間の場合もたいていの場合はそれでことが済みます。

それではことが済まない場合、お互いの間で「正しさ」を求めることが必要になる場合とは、「人それぞれ」と言ってサヨナラしてしまうことができないような相手との間で、両立不可能な意見の相違や対立が生じたときでしょう。これまでに取り上げた、「うちでは甘いものを食べない」というルールを作る場合とか、牛肉を買うか豚肉を買うかで夫婦が対立した場合などは、そのちょっとした例です。

「サヨナラしてしまえない相手」はそうした身近な人たちだけとは限りません。私たちは気軽に日本とサヨナラして外国に移住することはできませんから、「日本で原子力発電所を維持するのか廃止するのか」といった国全体で一つに決めなければならないようなことについても、どうするのが正しいのかを決めていかなくてはなりません。

では、そうしたときに「正しさ」への合意形成がどのようにして行われるか、あるいは行われるべきかについて、これまでの議論を踏まえて考えていきましょう。ポイントは二つです。まず、道徳感情が人類普遍的であり、それをもとに形成される社会のあり方にも人類普遍性があるからといって、それが「正しい」とは限らないということです。二つ目は、個々人が感じる道徳感情と善悪そのものとは異なるということです。

社会的な序列はなかば本能的に作られる

ブラウンが列挙していたように、多くの社会において「おとなの男性が政治的に優位な立場を占める」ようです。しかし、現代の世界では女性が政治家になることや、さらには首相や大統領になることは、もはや珍しくありません。こうした変化は、一九七〇年代以降という比較的最近の時代に起こったことです。第1章で概観したとおり、歴史的な流れとしては、フェミニズム運動が盛り上がったことによって、つまり女性を劣位に置くことはおかしいと考える女性たちが連帯して運動したことによってそうした変化が起こったのですが、ここではそうした大きな歴史の流れではなく、ミクロな視点に立って考えてみましょう。

まず、事実として、さまざまな文化や社会において、年齢や性によって社会的序列や役割が割り振られています。これは、必ずしもはっきりした決まりや意識的な選択によるものではなく、なかば本能的な行動という側面があります。実際、複数の人間が集まると、なかば自動的にその集団内の序列ができあがってしまいます。年齢の違う集団であれば年長者が中心的な立場に立つ（立たされる）ことが多いですが、同年齢の集団であれば、性格が明るく面白いことを言う人や、積極的に意見を言う人などが中心的な立場に立ちます。だからといって、自分ばかりがしゃべってほかの人の言うことを聞かない人はうとまれます。

また、単に声が大きいとか、背が高く体が大きい人が指導的な立場に立つことも多いです

（そういうのを見ていると、「ああ、人間も動物なんだな〜」と改めて思います）。だとすると、女性は平均的に男性より小柄なために劣位な立場に置かれてしまうのかもしれませんが、背の高い女性が背の低い男性より低い序列にあるとみなされる（あるいはあえて自分から低い序列に立つ）こともままあります。やはり男性は、女性を劣位に見る傾向があるというのが現実のように思われます。あるいは、ひょっとすると女性は自分を男性より劣位と見る傾向もあるのかもしれません。指導的な立場に立つのは面倒くさいですし、さまざまなリスクを背負うことでもありますから。

こうした序列は、なかば本能的に作られるものですから、参加者がお互いに合意して、その正しさを認めたものではありません。それぞれが勝手にお互いの感情や力量を推定した結果、なかば自動的にできあがったものです。おそらく、チンパンジーの群れの序列もそのようにして成立するのだと思われます（チンパンジーの場合は序列が変わるときに暴力的な闘争になることもありますが）。

女性を劣位に置くことは不正だということになる

それゆえ、女性たちの中には、そうした序列に納得できない人もいることでしょう。自分が合意して劣位に置かれたわけではないのですから、納得できないのも当然です。そこで、積極的に自己主張して、自分の序列を改善しようとすることもあるでしょう。

　そうした「自己主張する女性」に対して、多くのオジサン（社会的に優位にある男性）は「女のくせに生意気な」という感情を抱くのではないかと思われます。感情は、眼前の状況に対する心身の反射的な反応です。多くのオジサンは、女性が自分に逆らったと感じた瞬間に、腹を立てます。「逆らう」に至った相手側の事情などは目に見えませんから、その瞬間の感情には影響を与えません。また、日本語で「腹が立つ」と表現するとおり、「オジサンが主体的に腹を立てる」のでさえありません。怒りという感情がオジサンの心身に到来するのです。心が怒りを感じると同時に心臓が高鳴り、頭や拳が熱くなります。その感情に身をまかせれば、相手をどなりつけ、さらには暴力をふるうことさえあるでしょう。

　そのとき、オジサン自身は、自分の怒りは正当であり、自分がどなるのは正しいことだとさえ思っているに違いありません。しかし、それは「正しいこと」ではなく、単に「自分が正しいと感じていること」にすぎません。

　ものごとは常に多面的です。そして、その多面的な側面のそれぞれが前面に出てくると、その側面に対しての感情を感じてしまいます。感情は反射的な反応なので、直接的にコントロールすることは困難ですが、感情を感じたときに、あるいはその後であっても、ものごとの別の側面に注意を向けることで、間接的にであればコントロールすることができるのです。もちろん、自分ではなかなかものごとの多様な側面に気づくことはできませんが、他人から指摘されることで気づくことができます。言語による伝達が可能な人間ならではのことです。

そこでたとえば、その女性が「女に生まれたことは自分の責任ではない。自分の責任ではないことによって劣位に扱われるのはおかしい」と主張したとしましょう。その場合、一瞬前までは「劣位の者が自分に逆らった」と感じられていた事態が、「本人がやったのでないことについて自分が責めている」という事態として立ち現れてきます。そうした事態について、人間は「不公正だ」と感じるようにできているようです。

そこで、「生意気な女」に対する怒りの感情と、「不公正な自分」に対する後ろめたい感情が葛藤します。そうなると、最初の怒りにまかせて行動することはできなくなります。感情は葛藤を解決するための役には立ちません。どちらの感情に従うのが正しいかを判断するためには、事態についての多面的な把握と論理的な思考が必要になってきます。感情が高ぶっている限りは思考できませんが、それでも何とか思考しようとすると感情は静まります。そして、思考した結果として判断が下されます。

感情は、人間以外の動物においてはほぼ自動的に行動を引き起こしますが、**人間の場合は、感情から一歩意識を遠ざけ、事実と論理にもとづいて思考することでなすべき行動を判断する余地がある**のです。

それで、もしも相手の言うことの方がもっともだと思うなら、自分から相手に従うでしょう。やはり相手の言うことに納得ができないのなら、納得できない理由を相手に言い、その回答を聞いてさらに考えなくてはなりません。こうして、お互いが納得できる「正しさ」を作っていくのです。

「そんなのは理想論であって、たいていの人間は感情に引きずられて行動するではないか」というのは、残念ながら一面の真実ではあります。実際問題、「生意気な女」がさらに自己主張を重ねた場合には、反省するどころか激高するオジサンの方が多数かもしれません。そういうオジサンは、主体的に行動しているのではなく、いわば感情の奴隷（あるいは遺伝子の奴隷）になっているのです。

しかし、その場では激高しても、後で考え直すことができるのも人間です。後悔したり反省したりできるというのも「人間における普遍的なもの」の一つなのです（ブラウンのリストには入っていませんが、おそらくこれは人間だけにみられる特徴だと思います）。そして、現代の世界では女性の首相や大統領がもはや珍しくないことを考えると、人間はそれほど感情や遺伝子の奴隷ではなく、これまでの自分や社会のあり方を反省し、自分の反省を周りに伝え、新たな社会のあり方や文化を作っていくことができる存在だということができるでしょう。

先ほど、人間の利他的行動に対するアレグザンダーの間接互恵の理論に対して、「なんかしょうもない話やな〜」などと暴言を吐きました。進化倫理学は、人間には人を見たらわけもなく親切にしたいと思う感情や不正に対する怒りの感情があることを説明してくれます。しかし、そうした感情は、単なる感情にとどまる限り、道徳や倫理ではありません。**人間は、おそらくは生物学的に感じてしまう感情を出発点として、それを自分たちなりに意味づけ、他人にその意味づけを伝え、話し合うことで「正しさ」の体系を自分たちで作っていく。**人間における「正しさ」は単に生物学だけでは説明できないのです。

人間は既存のルールの中で生きている

人間には、どうやら女性を集団内で劣位に置く生得的な傾向があるようです。それは、女性が自己主張すると男性が怒りを感じるといった形で作用し、集団内での序列を形成します。先ほどは、そうした序列はなかば本能的に作られるものとして話をしましたが、もちろん現実には、人間集団の序列はその場その場で本能的に作られていくものばかりではありません。むしろ人間は、たまたま集まって集団を作るよりは、既存の集団に加入してそのメンバーになることの方が多いのです。そして、そうした既存の集団の序列は、それまでの慣習や法的な秩序として正当化されているのがふつうです。

たとえば、日本の戦前の民法は家庭における女性の立場を男性より低いものと規定していましたし、選挙法は女性の参政権を認めていませんでした。日本以外でも事情は同様です。女性の参政権が世界ではじめて認められたのはニュージーランドで、一八九三年のことでした。日本では第二次大戦後の一九四五年を待たなければなりません。

こうした法律は、ブラウンの表現を借りれば「集団全体に関わる公的なものごとを決定するための手続き」によって決定されたものです。現在では、日本をはじめ多くの国では代議制民主主義によって法律が制定されることになっています。つまり、選挙によって選ばれた代表者が議会で議論し、最終的に多数の賛成が得られた場合に法律として成立するのです。戦前の日本の民法も選挙法も、こうした手続きにのっとって定められました。

このように、多くの社会ではルールを正当化する手続きが定められています。この手続きに従って定められたことは「正しい」のだとされます。そして、その手続きはそれぞれの社会や国ごとに定められており、手続きを実行するための機関があります。さらに、決められたルールを人々に強制するための機関も備えています。

こうしたことから、「正しさは社会により異なる」とか「国により異なる」と言いたくなるかもしれません。しかし、そうした差異も、理解不能なほどに多様なものではないのが通常です。実際問題として、現在では民主的な価値観や基本的人権が世界的に「正しい」と認められているため、多くの国の法律の内容はそれほどかけ離れたものにはなっておらず、たとえば女性の参政権はごく一部の例外を除いてほとんどの国で認められています。もちろん、各国がまったく同じ法律体系になっているわけではありませんが、私たちにとって理解不可能なほど奇妙な法律体系になっていることはないと思っても、それほど誤りではありません。

たとえば、私たちは海外旅行に行くときに、行き先の国の刑法体系について調べておくなどということはしないでしょう。自分の国で犯罪になることを行き先の国でもしないようにすれば十分です。自分がよかれと思ってやったことがその国では犯罪になるなどということはまずありません。行った先の礼儀作法に反するふるまいを知らずにしてしまうことはあるかもしれませんが、たいていの場合、知らずにやったことはそれほど責められないことも普遍的ですし、礼儀作法などの慣習が文化によって異なること自体がおおむね普遍的に認識されています。

「ルールを正当化する手続き」の正しさ

「正しさは社会や国により異なる」などと唱えるまえに、むしろ考えなければならないことは、ルール、ルールを正当化する手続きの正しさについてです。

倫理学の授業をしていると時々、日本の旧優生保護法やナチスによるユダヤ人虐殺について、「その時代では正しいことだったのだ」などと発言する学生さんがいて、仰天しますす（優生保護法については65ページを参照）。たしかにいずれの場合も、当時の「ルールを正当化する手続き」にのっとって法律として定められたものです。しかし、だからといって、「それらは正しかったのだ」と即断してよいものでしょうか。とはいっても、正しさは文化によって異なるという文化相対主義の立場からは、そうした発言に反論することは困難です。生徒からそのように言われて、おかしいとは思いつつ、十分に反論や議論ができなかった中学や高校の先生も多いのではないでしょうか。

しかし、考えてみましょう。障害があるなどの理由で不妊手術を受けさせられた人たちは、優生保護法に合意していたのでしょうか。虐殺されたユダヤ人たちは、虐殺されることに合意していたのでしょうか。まさか。かれらがそんな目にあわされたのは、まさしく暴力による強制でした。これまで見てきたように、「正しさ」は、ある行為に複数の人間が関わるときに、その人たちの間で合意が形成されることで成立します。当事者が関わらないところで勝手に決めたルールを強制することは、それ自体として不正です。このように考えると、これらの法律は「ルールを正当化する手続きの正しさ」を満たしておらず、やはり不正だったというべきでしょう。

先ほど挙げた、女性を劣位に扱う戦前の日本の民法や選挙法についても同じことが言えます。それらの法律は帝国議会によって制定されましたが、戦前の日本では女性に参政権はありませんでしたから、議会の代表者はみな男性でした。つまり、女性を劣位に置く法律は女性のいないところで勝手に決められたのです。

「より正しい正しさ」を求めて

もちろん、全国民が一致して合意するなどということは現実的に困難です。そこで、現在のほとんどの国では代議制民主主義が採用されています。この制度では、議員が普通選挙で選ばれる限りは、法律に従う立場の人たちの代表者が法律を制定していることになります。

その点で、代議制民主主義には一定の正当性があるといってよいでしょう。
それに、議会での議論は公開されていますから、議員以外の一般市民はその様子を見聞きして、納得できるものかどうかを判断することができます。そして、納得できない主張をした議員を次の選挙で落選させることもできます。

江戸時代の日本やその他の多くの国において、かつて法律は、権力者が一方的に定めてそれに従うことを暴力で強制するものでした。あまりに人々の立場を無視した法律は大きな反感を買うでしょうから、それなりに配慮したかもしれませんが、その場合でも人々の意見を直接聞いたわけではなく、権力者側が勝手に推測しただけだったでしょう。そしてそもそも、そうした権力者の権力自体が、支配される側の人々の合意によって正当化されたものではなく、暴力（武力）によって獲得されたものです。

そうしたあからさまに暴力的な手続きよりは、代議制民主主義の手続きはずいぶんマシなものではあります。しかしやはり、代表されていない立場の人たちも多数います。それどころか、議会においてさえ、代表者全員が納得して合意するまで話し合われないままに、強行採決によって可決されることがままあります。そのようにして定められた法律を無造作に「正しい」と見なすことは、合意していないままに従わされる人たちへの暴力を無造作に肯定することになります。

もちろん、自分が納得しない法律には従わなくてよいということにはなりません。しかし、納得できない法律は批判し、その改正を求めていくことはできます。また、ある法律が含んでいる暴力に自分自身では気づけなくても、それに苦しめられている人の声を聞いて気づくこともあります。そうして気づいてしまったときには、たとえ他国のことや昔のことであったとしても、「正しさ」を問い返し、「より正しい正しさ」を実現するように努力していくべきでしょう。

「はじめに」の最初に書きましたが、「正しさは人それぞれ」と並んで最近よく聞く言葉に、「絶対正しいことなんてない」とか「何が正しいかなんて誰にも決められない」などというのがあります。これらの言葉を言う人たちは、どうやら「ちょっと気の利いた、よいことを言っている」と思っているようなのですが、私はこうした言葉を聞くたびに背筋が寒くなります。こうした言葉は、より正しいことを求めていく努力をはじめから放棄する態度を示しているように思われるからです。そして、こうした言葉を吐く人たちは、たとえば私が何も悪いことをしていないのにガス室に送られそうなとき、決して助けてくれないだろうなと思うからです。

どんなに話し合っても、国民全員が、さらには人類全員が合意することはないかもしれません。たとえいま生きている人たち全員が合意したとしても、まだ生まれていない人は合意していません。その意味では、「絶対正しいことなんてない」のかもしれません。しかし、**「より正しい正しさ」はあります**。一方的に決めたルールを暴力によって強制するよりは、話し合ってお互いに納得して決めていく方が正しいですし、これまで正しいと思われていたことに対して、その不正を告発する人たちの声が聞き入れられ、改正されたときには、より正しいものになっているでしょう。そうやって、たとえば女性の権利が認められてきたわけです。

もちろん、「不正の告発」それ自体が不正なものである場合もあるでしょう。自分が悪いのに、それを認めずに他人のせいにする人もいます。そうしたとき、相手を尊重するとは、単に相手の言い分を丸呑《まるの》みすることではありません。納得できないことを言っているのに「人それぞれ」といってきちんと反論しないのは、相手を尊重するどころかバカにすることです。まずは相手の言い分をよく聞き、それがもっともだと思えば従い、おかしいと思えば指摘し、相手の再度の言い分を聞く。それを繰り返すことで、お互いに納得のできる合意点を作り上げていく。これが、**正しさを作っていくための正しい手続き**というべきでしょう。

そうした手続きによって、より正しい正しさを実現するよう努力していくことが大切です。

私が「人それぞれ」という言葉にこだわるのは、そうした努力をしないで済ませる態度を助長するからです。もちろん、趣味や好みなど、他人と同じにしなくてもとくに問題ないようなことについては「人それぞれ」でけっこうなのですが、そうでないこと、他人を巻き込むことについては「人それぞれ」で済ませるわけにはいきません。他人と合意を作っていかなければならないことについて、「人それぞれ」などといって十分に話し合う努力をしないでいると、社会は分断されてしまいます。分断された社会で何かを決めようとすれば、結局のところ暴力に頼るしかなくなってしまいます。

この章のまとめ

第2章では、人間はそれほど異なっておらず、世界中のさまざまな文化には普遍的な特徴があることを示しました。しかし、事実として人間社会のあり方がそのようになっているからといって、「そうするべきである」ということにはなりません。そこでこの章では、「道徳的な正しさ」がどのようなもので、どのようにして作られるのか、さらにはどのようにして作られるべきかについて考えてきました。

功利主義の倫理学や新自由主義的な経済学では「最大多数の最大幸福」が正しい選択をするための唯一の原理だと考えますが、事実として人間はそれ以外の価値判断を行うことがあります。たとえば行動経済学の研究では、人間は自分の利益をなげうってでも公正や平等を守ろうとする傾向があることが示されています。

人間は、他の多くの動物とは異なって、正しいことと不正なことを感じる感情の仕組みを持っており、それが道徳的な善悪の起源にあります。助け合いや利他的な行動への好みや喜び、利益を独占する行為や暴力的な強制への嫌悪や怒りが、人間に独特の「道徳という領域」を開くのです。

そうした感情の仕組みは、生物学的・遺伝的な要素として人間という生物種に組み込まれているようです。そこで、進化倫理学では、人間が不正に対して怒りを感じたり、他人に親切にすることに喜びを感じたりする感性を持っていることについて、互恵や間接互恵によって説明します。しかし、そうした感情は、各個人がてんでに感じているだけでは道徳的な正しさや不正ではありません。「個人が正しいと感じること」と「正しいこと」、「個人が不正だと感じること」と「不正」とは、それぞれ別のことです。正しさとは、どのようにふるまうことが道徳的に正しいのかについての共通了解のことなのです。

チンパンジーなど、集団で暮らしている知能の高い動物であれば、互恵的な行動を行いますし、それを裏切った者に対しては怒りを感じるのかもしれませんが、かれらはそうした自分の感情を仲間に意図的に伝達することはありません。動物は鳴き声によってコミュニケーションをしているように見えますが、そうした鳴き声は人間でいえば意図せずに出てしまう叫び声に相当するものであって、動物には言語はないのです。

他方、人間は自分の感情や意図を他人に伝達しようとします。受け手の側も、こちらが何かを伝達しようとしているのだと理解してくれます。その結果、人間は理解を共有し、新たな社会のあり方や文化を創造していきます。正しさについての合意も作られていきます。

たとえば、どうやら人間には女性を劣位に見る傾向があるようです。そうした感情の仕組みに従って社会的な序列が作られがちです。しかし、そうした序列は、劣位に置かれた女性が合意して受け入れたものではありません。それに対して「不正だ」と抗議する女性たちは、当初は社会的に優位にある男性によって反発されたことでしょう。そうした女性たちの主張が女性たちの間で共有され、さらには男性たちにも共有されたことで、社会的な序列についての正しさが作られてきたのです。

このようにして正しさは社会的に作られていくのですが、だからといって「正しさは社会や国によって異なる」といって済ませるわけにはいきません。多くの社会ではルールを正当化する手続きが定められていますが、その手続きそのものが正しいとは限らないからです。**ある行為の正しさは、それに巻き込まれる人たちが合意することによって正当化されるもの**です。人間は、自分が納得して合意したルールには、強制などされなくても自分から従います。もちろん、ときどきは違反するかもしれませんが、そのときは周りから責められなくても、自分で悪かったと思うことでしょう。

他方、当事者が参加しない手続きによって定められたルールを強制することは暴力であり、不正といわなければなりません。

もちろん、すべての人が話し合い、合意することは現実的にいって不可能ですから、「絶対的に正しいことはない」というのは一面の真実ではあります。しかし、そこで思考停止するのではなく、「社会的な正しさ」の名のもとに暴力的な強制を受けている人たちの声を聞き、より正しい正しさを求めていくことが、正しさを作るための正しい手続きです。

人間は、各人がそれぞれに感じる感情に縛られているのではなく、これまでに作られてきた「正しさ」を丸呑みするだけでもなく、他人の感情や考えを聞き、事実と論理にもとづいて思考することで、共有できる「より正しい正しさ」を作っていくことができるのです。

第4章　「正しい事実」を人それぞれで勝手に決めてはならない

「事実は人それぞれ」と主張する人たち

第3章では道徳的な正しさについて考えてきました。そして、各人が自分の感情に従って勝手に行動するのではなく、感情を動機としながらも、事実と論理にもとづいて話し合ってお互いに納得できる結論を作っていくことが大切だと論じました。

ところが、事実についても「人それぞれ」だと主張する人たちがいます。二〇一七年には、その象徴ともいうべき「オルタナティブ・ファクト（もう一つの事実）」という衝撃的な言葉が話題になりました。

アメリカ第四五代大統領となったドナルド・トランプの就任式のあと、ホワイトハウス報道官ショーン・スパイサーは「就任式は史上最多の人出だった」と発表しました。しかし、記録写真を確認すると、前職のバラク・オバマ大統領（在任二〇〇九〜二〇一七）の就任式のほうが圧倒的に多数の人出だったのです。後日、記者にその点を突かれた大統領顧問官ケリ

トランプ大統領（左）とオバマ大統領（右）の就任式の写真。©ロイター／アフロ

ーアン・コンウェイは、「報道官は間違っていない。彼が言ったことはオルタナティブ・ファクトだ」と開き直ったのでした。客観的な事実などというものはなく、事実は人それぞれによって異なる。これはまさしく「正しさは人それぞれ」という主張です。

もしコンウェイの言うことが正しいとすると、私たちは事実と論理にもとづいて話し合うことができないということになってしまいます。事実が人それぞれの主観によって変わるというなら、放射性物質はそれを危険と思わない人にとっては危険ではなく、地球温暖化を認めない人にとっては地球の平均気温は上昇していないということになってしまいます。世界が個々人の信じたとおりになるなんて、そんなバカなことがあるはずがありません。

にもかかわらず、事実についても「正しさは人それぞれ」と主張する人があとを絶ちません。そこでこの章では、正しい事実を人それぞれで勝手に決めてはいけないということを論じたいと思います。要点は、第3章で道徳的な正しさについて述べてきたのと同じことです。つまり、「事実は人それぞれ」でも「真実は一つ」でもなく、正しい事実はそれに関わる人たちの間で作っていくものだということです。

ものの見え方は人それぞれでない

まず、自分の周辺にどのような物体があり、それがどのように動いたかといった基本的な状況認識は、感覚器官や脳の仕組みによって、おおむね人類普遍的に同じような形でなされます。「人それぞれ」などということはありません。このことは、これまでにもくりかえし説明してきました。くどいようですが、念のためもう一度確認しておきましょう。

視覚を例に挙げると、目の網膜に映った映像をもとに、脳の視覚野という部分で物体の輪郭が抽出され、その物体の形や大きさ、自分からの距離や位置関係などが認識されます。また、物体間の類似性も認識されます。たとえば、トランプ大統領就任式の写真とオバマ大統領就任式の写真とを並べてみたら、誰がどう見てもオバマ大統領の方が多いように見えます。報道では、トランプ氏就任式の人出は約一五万人、オバマ氏就任式は約四六万人とのことですが、たしかにだいたい三倍以上の差だな、と一目でわかります。

とはいえ、人間は自分が知覚しているものすべてに気づいているわけではありません。たとえば、白い服にトマト色の大きなシミがついているのにぜんぜん気づかずに仕事に着ていくといったことが（少なくとも私には）しょっちゅうあります。

よく、「自分の目で見たことしか信じない」などと言う人がいるのですが、このように、見えているはずにもかかわらず気づいていないことがありますから、自分の目だけを信じるのは危険です。自分が気づいていないときには、同僚や学生さんに「シミがついていますよ」と指摘されると気づきます。シミは気づいた時に突然現れるのではなく、はじめからそこにあったものとして見えます。同僚や学生さんは、自分たちに見えるシミが私にも見えることを前提としているからこそ、指摘してくれるのです。

そのほかにも、私たちは見まちがえたり、錯覚図形にだまされたりします。そうした場面を考えるだけで、各人が自分の目で見たことがそれぞれに正しいなどということはありえないといえるでしょう。自分が気づいていなかったからといって、「シミなど存在しない」と言い張るのはむちゃくちゃです。見えているものが本当に見えているとおりなのか、確認しなければならないときもあります。

人は、周囲の状況を同じように知覚しているはずだが、自分が知覚しているはずのものすべてに気づいているとは限らないし、見まちがえているときもある。それゆえ、**周りにどんなものがあるかといった非常に基本的なレベルにおいても、正しい事実は他の人と共同で作っていかなければならない**ということです。

服のシミなら言われて見てみればすぐわかりますが、感覚器官で直接に知覚できないようなことについては、正しい事実かどうかがすぐにはわからない場合もあります。先ほど例に挙げた放射性物質の危険性や地球温暖化は、目で見てすぐにわかるようなことではありませんから、それを疑う人は当面は自分の誤りを認めなくても済みます。この章で主な問題にするのは、そうした直接に知覚できないような「事実」が、どのようにして作られるのかということです。

私の哲学的な立場

「人間は、世界についての正しい事実をどのようにして認識することができるのか」というのは、**認識論**といって、近代以降の西洋哲学の主要なテーマの一つでした。以下では、そうした哲学的な議論を念頭に置きながら考えていきます。

哲学の議論なんて自分たちに関係ないと思われるかもしれませんが、そういうわけではありません。哲学者の中には認識論を研究するうちに、「存在とは知覚である」（つまり、「見えないシミは存在しない」）とか、「他人の心は直接目には見えないから存在しない」（つまり、「世界には私の心しか存在しない！」）といった、いささか常軌を逸したことを主張した人たちもいます。そうした思想が、めぐりめぐって最近の「事実は人それぞれ」という主張のもとになったのだと思われるからです。

そうした「人それぞれ論」に対して近年、「世界や物は、私たちがどのように認識するかとは関わりなく存在している」という**実在論**を主張する哲学者も増えてきました。つまり、「真実は一つ」という立場です。

以下ではそうした哲学者たちの主張についても取り上げながら考えていくので、いささか難解だと思われるかもしれません。しかし、私の主張はシンプルです。「事実は人それぞれ」でも「真実ははじめから一つに決まっている」のでもなく、「正しい事実はそれに関わる人たちの間で作っていくものだ」ということです。私の服にシミがついているかどうかといった日常的な場面についても、数学の公式や自然科学の法則といった一般に「客観的で普遍的に正しい」と思われているものについても、私の考えは基本的に同じです。

こうした私の考えは、**構築主義**と呼ばれる社会学上の立場と近いものです。しかし、一般的な構築主義では、ものごとの現実性（リアリティ）は人間関係によって作られるのであって、客観的あるいは物理的な存在を捉えたものではないと考えます。それに対して私は、人間同士の関係だけでなく、人と物（知覚対象）や物同士の関係もものごとの現実性に関係していると考えています。

たとえば、一般的な構築主義では（いささか単純化して言えば）「服にシミがあるかどうかは、人々がシミがあると思うかどうかによって決まる」と考えますが、私は人々がシミだと思うものに対応するものが知覚されることも重要だと考えます。服についたトマト色を汚れとみるか飾りとみるかなど、解釈は多様でありえますが、だからといってどんな解釈でもありうるわけではない。こうした点で、私の考えは構築主義とは少しちがいます。むしろフランス近代の経験論哲学からの影響を強く受けています。もしも関心があれば、私の最初の本である『コンディヤックの思想——哲学と科学のはざまで』（勁草書房）をご覧ください。

また、この章の後半で論じる科学的知識がどのように作られていくかについての議論は、フランスの科学哲学者ブルーノ・ラトゥール（一九四七〜）の『科学が作られているとき』（川崎勝他訳、産業図書）から着想を得ています（実際に書いたことは、ラトゥール自身の議論とはかなり異なりますが）。ラトゥールの本はとても刺激的で面白く、科学というものへの見方を変えてくれます。

さらに付け加えておくと、言語や存在や科学に対する全般的なスタンスは、学生時代の指導教員であった松永澄夫先生からの影響がとても大きいです。私が学生だった頃に書かれた『知覚する私・理解する私』や『私というものの成立』（いずれも勁草書房）は、いま読んでも学ぶところが多い名著だと思います。

さて、話をもとに戻しましょう。道徳的な正しさの場合、それを作るための対話の出発点は個々人の道徳感情でしたが、正しい事実を作るための出発点は感覚器官による知覚です。そこで、まずは感覚器官による知覚についての検討から始めましょう。

物の知覚が共有されていることは世界について共通理解を作っていく際の前提である

人間が世界について知るのは、感覚器官を通じてです。電磁波や放射線といった目に見えないものの存在も、知覚に現れたものを出発点として、実験や推論を重ねて確認されていきます。それゆえ、**世界についての共通の理解を作っていくための前提として、感覚器官による知覚認識が共有されていなくてはなりません。**人間には視覚、聴覚、触覚、嗅覚、味覚の五感がありますが、それらは一つの物体について知覚するための複数のチャンネルです。そのうちのいくつかに障害があったとしても、他の感覚が物体の存在を教えてくれます。

そして私たちは、自分が知覚している物体を他の人もおおむね同じように知覚していることを前提として、その物体の名前を教えたり、その物体について語り合ったりして、共通の理解を作っていきます。そうした過程によって、人は自分が気づいていないことについても気づくことができます。さらに、もっと複雑なこと、たとえば前章で論じた道徳的正しさについて合意を作っていく際にも、世界の中の物体（人間の身体も含む）の存在やその動きについての共通理解が大前提です。「知覚は人それぞれ」であるなら、私たちは他の人たちとともに生きていくことができなくなってしまいます。

知覚認識は人間が世界について持つあらゆる理解の前提なので、何か他のことによってその正しさを証明することができません。それゆえ、二枚の写真を見比べたうえでなお「トランプ大統領の就任式の方が人出が多い」と言い張る人に対して、その人が間違っていると認めさせることは極めて困難になります。リンゴを見せても「リンゴなど存在しない」と言い張る人に対しては、頭にリンゴを思いっきりぶつけてやればリンゴがあると認めるかもしれませんが、触覚や痛覚も感覚なので、「ぶつかったことを感じない」と言い張られたらお手上げです。

もちろん、感覚器官や脳に障害などがあって本当に見えない、感じないなら仕方ありませんが、そういう人たちも、「自分には見えないものは存在しない」などと主張することはふつうはありません。みなさんの中にも、強度の近視で近くのリンゴもはっきり見えない方がおられるかもしれません。だからといって、「リンゴなど存在しない」と主張することはなく、単に自分にはよく見えないだけだと認めるでしょう。そして、メガネをかけるとか触ってみるなどして、リンゴがあることに合意します。

それに対して、自分たちに都合が悪いものは存在しないと言い張る人たちとは、共通理解を作っていくことができません。そういう人たちは、自分の考えを押しとおすことばかり考えていて、合意を形成するつもりがないのです。政治家は、利害対立を調停してお互いに納得できる合意を作っていくのが仕事ですから、そういう人たちを大統領や首相や国会議員に選んではなりません。

ひょっとするとみなさんの中にも、「他人の意見を聞いて自分の考えを変えるのは「負けだ」と思っている人もいるかもしれません。しかし、ものを考えるときには自分の信念ではなく、事実と論理に従わなくてはなりません。そうでないと、事態に対応する適切な判断が下せないからです。

水槽の中の脳

とはいえ、実際問題として、感覚器官はすべての人でまったく同じというわけではありません。たとえば色を認識する目の錐体《すいたい》細胞に多様性があることはすでに述べました。さらに、哲学者の中には、「他人の知覚している色が、自分の知覚している色と同じかどうかはわからない」といった議論をする人もいます。たとえば私にとって青色に見えているものは、他の人には赤色に見えているかもしれない。私が知ることができるのは私の意識に現れたものだけなので、他人の意識に現れる世界がどのようなものかはわからないから、というのです。いわば「究極の人それぞれ論」です。トランプ大統領のコンウェイ顧問官も、ひょっとするとそうした哲学的な議論を聞きかじっていたのかもしれません。

「私が知ることができるのは私の意識に現れたものだけ」というのは、一七世紀フランスの哲学者ルネ・デカルト（一五九六〜一六五〇）に由来する主張です。近代哲学は、こうしたデカルト的な見方に大きな影響を受けています。こうした見方を突きつめて、「世界は私たちの脳が作り出した幻影だ」といった議論をする哲学者もいます。

たとえば色は、物理学的には電磁波です。電磁波の波長の違いに応じて私たちは色を知覚しますが、電磁波そのものに色はついていません。色は私たちの脳が作り出すイメージです。つまり、私たちが知覚しているもの（色）は、実際に存在しているもの（電磁波）とはまったく似ていないということです。

こうした考えを視覚以外の感覚にも広げるなら、私たちが知覚している世界はすべて私たちの脳が作り出したイメージであって、本当の世界は私たちの知覚しているものとはまったく似ていないということになります。それどころか、ひょっとすると世界は存在しておらず、私たちは脳が作り出した「夢」を見ているだけかもしれません。

そうした議論を、アメリカの哲学者ヒラリー・パトナム（一九二六〜二〇一六）は**水槽の中の脳**という印象的なイメージで描きました（Hilary W. Putnam, *Reason, Truth, and History*, Cambridge University Press, 1982）。私たちは、身体を持っていて世界の中に生きており、その世界にはさまざまな物体が存在していると思っていますが、実はマッドサイエンティストが私の身体から脳だけを取り出して水槽の中で培養しているのかもしれない。脳から伸びる感覚神経はコンピューターにつながれており、感覚入力をシミュレーションする電気信号が送られているのかもしれない。そういうお話です。

なにやらSF映画のネタにできそうな話ですが、デカルト的な見方を受け入れるなら、私たちは自分が実は「水槽の中の脳」であって、私たちが現実世界だと思っているものは感覚神経につなげられたコンピューターが見せる夢だという可能性を否定することはできません（パトナム自身はそういう可能性を否定しようとしますが、「水槽の中の脳」への彼の批判はあまりうまくいっていないと思います）。

高校で『倫理』を選択している人ならご存知でしょうが、デカルトが「私が知ることができるのは私の意識に現れたものだけ」というような考えに至ったのは、絶対に疑うことのできない唯一の真理を探究した結果でした。彼は、西洋文明的な普遍主義を究極まで推し進めようとしたわけです。そして、かの有名な「われ思う、ゆえにわれあり」こそが絶対の真理だという結論に達します。世界は存在しないかもしれないが、私の意識は確実に存在するということです。

普遍主義を究極まで推し進めた結果、「究極の人それぞれ論」に至ったというのは、なんとも皮肉なことでした。デカルト以降の哲学者たちは、この「究極の人それぞれ論」をどうやって乗り越えるべきかと苦闘します。「存在とは知覚である」とか「私の心しか存在しない」などといった主張も、その中の一つです。そうした議論が通俗化することで、みなさんが常日頃主張する「正しさは人それぞれ論」が作られていったのだと思われます。

この本では、そうした哲学的な議論についてあまり詳しく紹介できませんので、さらに知りたい方は、私の『語源から哲学がわかる事典』（日本実業出版社）などを読んでみてください。以下では、私の考えだけを述べます。

私が知ることができるのは私の意識に現れたものだけ

まず、「水槽の中の脳」のお話の前提としてある、**「私が知ることができるのは私の意識に現れたものだけ」という考え方は、論理的にいって真実**です。「意識に現れる」とは、要するに物体を知覚するとか言葉を思い浮かべるとか感情を感じるといったことです。私たちは世界については知覚を通じて、自分自身については内言語（心の中で話す言葉）や感情や身体感覚（痛みや筋肉の収縮する感じなど）を通じて知ります。それ以外の経路から何かを知ることはありません。私たちは意識に現れたものしか知ることができないのです。

たとえば私たちは、私たちの周囲に広がる（ように思われる）世界についてさまざまなことを知ることができますが、それらはすべて知覚を通じてです。電磁波や放射線といった目に見えないものの存在も、知覚に現れたものを出発点として、実験や推論を重ねて確認されていきます。それどころか、私たちが自分以外の人間が存在することや、そうした人間には自分同様の心があることを確信しているのも、他人の身体やその運動を知覚することを通じてなのです（それゆえに、「私の心しか存在しない」という主張を唱える人もいる）。

それゆえ、私たちが知覚する世界の外側にマッドサイエンティストがいるのかどうかを知ることは、どのような科学を駆使しても不可能です。科学的知識といえども、知覚に（つまり意識に）現れたものを出発点として作り上げられたものだからです。

結局のところ、実は私たちは「水槽の中の脳」なのだという可能性は否定できないのですが、そのことをあまり気に病む必要はありません。私たちは本当に身体を持っていて世界の中に生きているのか、それともすべてがマッドサイエンティストの見せている夢なのか、どちらであっても私たちの日常生活には何の影響もないからです。もしも私たちにとっての現実が実は夢であったとしても、私たちはその夢の中で適切に生きていかなくてはなりません。たとえば、その夢の世界の中で私が誰かに借金をしていたとして、その貸し手に「これは夢なのだから借金など存在しない」と主張しても、貸し手は認めてくれないでしょう（マッドサイエンティストがリアリティのある世界を夢として見せている限り）。

要するに、私たちが「水槽の中の脳」なのかどうかを論じても、あまり意味がないということです。私たちが原理的に知りえないことについて、いくらでも想像を膨らませることは可能ですが、その大部分についてはまともに取り合う必要はないのです。

とはいえ、「私が知ることができるのは私の意識に現れたものだけ」ということが真実だということからは、現実的にいささか困ったことが帰結します。先ほど、「私たちは、自分が知覚している物体を他の人もおおむね同じように知覚していることを前提としている」と述べました。そこでいう「前提」とは、他人と共通理解を作っていくための必要条件という意味です。そして、「私が知ることができるのは私の意識に現れたものだけ」ということが真実だということはつまり、**この条件が満たされることに論理的な保証はない**ということです。それゆえ、残念ながら、ガラ空きの広場の写真を見て「史上最高の人出」と言い張る人たちを論理的に説得することはできないということにもなります。

実在論の復権

第1章で概観したとおり、二〇世紀後半、「正しさは人それぞれ」といった相対主義的な主張が世界を席巻します。相対主義は、アメリカ大統領顧問官ともあろう者が「事実は人それぞれ」とうそぶくまでに広がりました。日本でも大学生たちが口をそろえて「正しさは人それぞれ」と合唱します。

そうした状況に対する反動から、二〇〇〇年頃から哲学の世界では存在論や形而上学《けいじじょうがく》、実在論といった古い哲学的な立場が復権してきます。日本でも話題になった『なぜ世界は存在しないのか』（清水一浩訳、講談社。原著は二〇一三年）の著者、マルクス・ガブリエル（一九八〇～）は現代における実在論の旗手の一人です。

実在論とは、簡単にいうと「世界や物は、私たちがどのように認識するかとは関わりなく存在している」という立場です。もっと簡単にいうと、「真実は一つ」という立場だと言ってよいかもしれません。プラトンやアリストテレスといった古代の哲学者たちは実在論に立っていました。ところが、近代のはじめにデカルトが「私が知ることができるのは私の意識に現れたものだけ」という立場を打ち出したことから、単純な実在論は力を失います。デカルト的な立場からは、私たちの認識と関わりない存在というものは受け入れがたいからです。

デカルト的な立場の洗礼を受けた現代の実在論は、単純に古代の実在論をくり返すことはできません。「究極の人それぞれ論」と「人それぞれではない実在」とを両立させなければならないからです。そこでガブリエルは「新しい実在論」を自称しています。

古典的な実在論では、ものは「世界」という唯一の舞台に現れると考えられていたが、そのような「世界」なるものは存在しないと彼は主張します。それゆえに、彼の著作のタイトルは『なぜ世界は存在しないのか』とされているのです。では存在とは何かというと、「意味の場に現れること」だといいます。私たち自身も「意味の場」に現れた存在の一つです。そして、同じ物が多様な意味の場に現れることがありえます。

ガブリエル自身は「意味の場」が具体的にどういうものなのか必ずしもはっきり説明していませんが、要するに、ものはある特定の背景やコンテキストにおいてのみ存在するということのようです。古典的な実在論の世界観では、背景もコンテキストもはぎとられた平板な「世界」の中に「物そのもの」が存在しているというふうにイメージしますが、ガブリエルはそうした抽象的な世界観は人間の想像の産物だと考えているようです。

私たちが経験する「存在」は、抽象的な「世界」においてではなく、特定の背景やコンテキストにおいてのみ現れます。たとえば「私の左手」は、単にそれを見ている私にとっては指が五本、なまっちろい色で、手のひらにはしわがあるものとして現れる。物理学的に見れば素粒子の束である。昼食時にはフォークを持つための手段となる。ところが、「単にそれを見ている」とか「物理学的に見る」などといったコンテキストを離れた「左手そのもの」や、そうした「左手そのもの」が現れる舞台としての「世界」は存在しない。また、単にそれを見ているというコンテキストにおいて左手が「素粒子の束」として現れることもない。

このように、私の左手は「意味の場」に応じて多様な現れ方をしますが、そうした現れ方はどれも、人それぞれで勝手に決められるものではありません。「自分の手の指は六本ある」と固く信じて自分の手を見たとしても、やはり指は五本にしか見えませんし、私の手を他の人が見たら指が六本に見えるなどということもありません。また、誰も私の左手に注意を向けていないときでも、やはり指は五本でしょう。多様な左手の現れ方のそれぞれには、否定できないリアリティがあります。

このようにガブリエルは、「存在するとはさまざまな意味の場に現れることだ」と考えることで、存在の多様性と実在性を両立させようとします。要するに、**存在はコンテキストに応じて多様な現れ方をするが、その多様性それぞれに実在性がある**ということです。人それぞれの主観で存在の現れ方が変わることはない。それゆえ、存在についての正しい理解と間違った理解がある。私の左手は多様な現れ方をするが、どんなコンテキストにおいてであれ指が六本という現れ方はしないので、「私の左手の指は六本」という主張は間違いだということです。

実在論の問題点

存在の多様性と実在性を両立させようというガブリエルの問題意識は、私も共有しています。私はこれまで、「正しさは人それぞれ」でも「真実は一つ」でもないと言ってきましたが、これはつまり「存在は多様だが、その多様性それぞれに実在性がある」ということです。

ここまでの私の議論を読んできてくださったみなさんは、私の立場も実在論だと思われたかもしれません。「世界が個々人の信じたとおりになるはずがない」とか「感覚は物体を知覚するためのチャンネルだ」といった書き方をしてきましたから、そう思われるのも当然です。しかし、そのような書き方をしたのはわかりやすさを優先したからです。ここで、私の立場を実在論と対比させることで、はっきりさせておきましょう。

事実として私たちが世界についての理解を共有できている以上、知覚が共有されているという条件が成り立っていると考えるほかない。他方、「私が知ることができるのは私の意識に現れたものだけ」というのは論理的に考えて真理である。それゆえ、「私が知覚しているもの」と「他人が知覚しているもの」が同じであることは、論理的には保証されない。私の哲学的な問題意識の中心はここにあります。つまり、**論理的に考えると「究極の人それぞれ」になるはずなのに、どうして現実にはそうなっていないのか**という点です。私と他人の間には、論理的に考えれば越えられないはずの溝がある。にもかかわらず、私たちは現実にその溝を飛び越えてしまっている。これが、世界についての根本的な謎だと考えています。そして、その飛び越えを可能にするのが人間の創造性（新たな理解や解釈を作り出す力）だというのが私の考えです。

それに対して実在論は、「意味の場に現れたさまざまなもの」が誰にとってもそのように現れることを無造作に理論の出発点として立ててしまいます。私の左手に指が五本あることや、素粒子の束であることや、フォークを持つ手段であることはすべて、誰にとっても真である。これでは、世界についての根本的な謎がなかったことにされてしまいます。

私も、事実として「意味の場に現れたさまざまなもの」が誰にとってもそのように現れることは認めますし、その理由は論理的には説明不可能なので、事実を事実として受け入れるほかないことも認めますが、少なくとも、そのような事実が現実となるためには何を飛び越えなくてはならないのかを考察することは大切だと考えています。

そんなことを考察して何の役に立つのか、と思われるかもしれません。事実として「意味の場」が共有されていることを認めるのであれば、「論理的には共有できないはずだ」などと言っても意味がないのではないか。

しかし、そうではありません。たとえば、第2章や第3章で取り上げた、人間の子どもが言語を獲得できることの謎を思い出してください（56ページと124ページ）。

チンパンジーのような人間に近く知能も高い動物であっても、言語を獲得することは極めて困難です。ところが人間の子どもは、周りから少しの手掛かりを与えられるだけでスムーズに言語を獲得してしまう。これはつまり、事実として人間は「意味の場」を共有しているということです。しかし、その事実を単に受け入れただけでは、たとえばチンパンジーに言語を獲得させるなどの応用ができません。

言語を獲得することは論理的に考えると極めて困難であることを指摘したのは、チョムスキーです。つまり、これから言語を学ぶ子どもと、すでに言語を持っている周りの人たちとの間には、論理的には飛び越え困難な溝があるということです。にもかかわらず、現実に子どもたちはその溝をやすやすと飛び越え、言語を獲得します。チョムスキーは、その事実を指摘しただけで、「人間の子どもはそれをどうやって飛び越えるのか」を問いませんでした。そのかわり、人間は生まれつき言語を（少なくともそのひな型を）知っているのだと主張しました。つまり、言語の獲得とは、言語を持たない者が言語へと飛び越えるのではなく、はじめから自分の中にある言語のひな型が発展するだけだということです。こうしてチョムスキーは、飛び越えなければならない溝を、発見するやいなや埋めてしまったのでした。

チョムスキーのように考えると、チンパンジーなど人間以外の動物は言語のひな型を持って生まれてこないのだから、どうしたって言語を獲得できないということになります。チンパンジーに言語を教えようとした研究者はたくさんいますが、チョムスキーはそうした努力はすべて無駄だと考えます。

もちろん、チンパンジーに無理やり言語を教えなくてもよいといえばよいのですが、人間の子どもの中にも、重い障害があるなどの理由で言語の獲得が困難な子どもがいます。そうした子どもが、たとえ完全でなくてもコミュニケーションがとれる程度に言語を獲得することは、その子の人生にとって大きな意味があります。ところが、「ほとんどの子どもは言語を獲得する」という事実だけでは、そうした子どもに言語を教えるうえで何の役にも立ちません。「その子は言語のひな型を持たずに生まれてきたのだ」と考えてしまったら、言語を教える努力は無駄だということになります。

第3章で私は、「言語を獲得するために第一に必要なことは、声を出すことが伝達行動であることの理解だ」と述べました。どのようにしたらこれを重い障害のある子どもに（あるいは、お好みならチンパンジーに）理解してもらえるのかは論理的に考えてたいへんな難問です。しかし、何を理解してもらわなければならないのかが明確であれば、何とかそれを伝えようと工夫したり努力したりすることができます。はじめから「無駄だ」といってあきらめてしまったら何もできません。

二次方程式の解の公式

ガブリエルの言う、多様な存在が現れる「意味の場」にしても、実在論に立てば、人間が存在をどう認識するかとは関わりなしに、はじめから多数の「意味の場」があるということになるでしょう。それだと、どうして、どのようにして「意味の場」が開かれるのかという問いが立てられることはありません。

もちろん、「私の左手に指が五本あるのは本当に正しいのか」とか、「私は本当に左手でフォークを持っているのか」などと問うてみても、それ以上深い理由は見つからないかもしれません。私の指が五本であることや私が左手でフォークを持っていることは感覚器官によって知覚されます。知覚認識は人間が世界について持つあらゆる理解の前提です。

しかし、「私の左手は素粒子の束だ」ということは、この章の冒頭で挙げた放射性物質の危険性や地球温暖化などと同様に、目で見てすぐわかるようなことではありません。これらの事実は物理学や気象学という「意味の場」に現れますが、それら科学は人間が作り出した認識の体系です。だとすると、これらの事実は人間の認識と関わりなしに成り立つといえるのでしょうか？

　現在、標準的とされている物理学は厳密な実験と数学によって根拠づけられていますが、他方、歴史的に形成されてきたものでもあります。ということはつまり、**物理学は論理的・普遍的でありながら、歴史的・一回的なものでもある**ということです。

　ものごとを論理的に説明すれば、誰しも納得します。その意味で、論理は必然です。しかし、ものごとにどのような論理を当てはめればうまく説明できるのかは必然的に明らかなことではありません。それゆえ、どのような論理を当てはめるべきかを把握するためには、論理の必然的な流れを飛び越える、創造的な思いつきが必要です。その意味で、論理は偶然なのです。

　と言ってもわかりにくいでしょうから、一つ簡単な例を出してみましょう。みなさんが中学の数学で習う、二次方程式の解の公式です。みなさんご存知のとおり、

$$ax^2+bx+c=0 \quad (a \neq 0)$$

という方程式に対する解の公式は、

$$x = \frac{-b \pm \sqrt{b^2-4ac}}{2a}$$

です。どうやって求めるのかも習ったと思いますが、念のため復習しておきましょう。
まず、方程式全体を a で割る。

$$x^2+\frac{b}{a}x+\frac{c}{a}=0$$

左辺の定数の部分を右辺に移動。

$$x^2+\frac{b}{a}x=-\frac{c}{a}$$

左辺を平方完成して、右辺のつじつまを合わせる。ついでに右辺を通分しておきましょう。

$$\left(x+\frac{b}{2a}\right)^2=-\frac{c}{a}+\frac{b^2}{4a^2}=\frac{b^2-4ac}{4a^2}$$

左辺と右辺の平方根を取ると、

$$x+\frac{b}{2a}=\pm\frac{\sqrt{b^2-4ac}}{2a}$$

左辺の定数部分を右辺に持っていったらできあがり。

$$x=\frac{-b\pm\sqrt{b^2-4ac}}{2a}$$

論理の流れに従って、必然的に答えが出ています。それゆえ、このやり方が正しく、それで導き出された答えが正しいことは、誰でもわかります。そこで質問です。このやり方を習う前に、自分で思いついた方はいらっしゃるでしょうか？「はい！」という方は、ぜひ数学者になってください。

手元にある数学史の本によると、二次方程式は、約四千年前の古代バビロニア時代においてすでに、正方形の面積から辺の長さを求める問題などの形で扱われていたそうですが、一般解の公式（どんな問題にも適用可能な解の公式）を最初に作ったのはインドの数学者ブラフマーグプタ（五九八〜六六八）という人だそうです（中村滋他『数学史――数学五〇〇〇年の歩み』共立出版、八一ページ。ただし、当時のインドに a b c や x y で式を表す記号法はない。こうした記号法を作ったのはデカルト）。

彼がこうした公式を作ったあとであれば、誰でも（少し数学を学べば）この公式が正しいことがわかります。計算の詳細は忘れても、「たしか、平方完成するんだよな……」ということだけ覚えておけば、自分で計算をやりなおすこともできるでしょう。しかし、ほとんどの人は、自分でこうしたやり方を思いつくことはできなかった。それで、この公式は歴史上のある特定の時点において、特定の人によって発明されなければならなかったのです。

論理は必然だが、偶然でもある

「論理は必然だが、偶然でもある」ということの意味が、わかってもらえたでしょうか。論理的な思考の流れ自体は必然ですが、ものごとにどのような論理を当てはめるべきか（この場合の例では、二次方程式の解の公式を作るには平方完成すればよい）ということは必然的に導き出されるものではなく、偶然の思いつきによっているのです。

なお、ここで「偶然」と言っているのは「必然的でない」という意味であって、「たまたま」とか「思いがけない」という意味ではありません。数学を知らない人が適当に考えてたまたま正しい答えが出ることは決してありません。そういう人は、そもそも何が問題なのかがわからないでしょう。答えがまだわかっていない数学の問題を解くためには、これまでにわかっている数学をきちんと学んでおく必要があります。しかし、これまでにわかっている数学を学べば誰でも必ず答えが出せるというわけでもない。だから私たちは、数学のテストで答えがわからなかったり間違ったりするのです。こういう事態を言い表すために「偶然」という言葉を使っています。もし「偶然」というと誤解を招くようなら、「独創的」といってもよいでしょう。

ここでは数学の例を出しましたが、物理学でもその他の学問でも同じことです。それができあがった後から見れば、科学は実験と数学のみにもとづいて論理的、必然的に組み立てられているように見えます。それゆえ、誰でも論理の流れに沿って学ぶことができます。しかし、それが作られていく現場を見れば、ものごとを解明するにはどのような実験をすればよいのか、それをどのような数学で分析すればよいのかということは、科学者の思いつき（独創性）に依存しています。**科学的発見の前と後には、論理では越えられない溝がある**ということです。そしてこの溝は、言語を獲得するときの溝とは違って、誰にでも飛び越えられるものではありません。それゆえにこそ、新たな科学的発見は称賛に値するのです。

それで、何が言いたいのかというと、物理学の発展が半分は科学者の偶然の（独創的な）思いつきに依存しているのであれば、現在の物理学とは違う、他の物理学の体系もありえたのではないかということです。また今後、現在の物理学も、新たな天才的な思いつきによって飛び越えられてしまうかもしれません。かつて天動説がコペルニクスやガリレイによって飛び越えられ、ニュートン物理学がアインシュタインによって飛び越えられたように。

では、ガブリエルの言う「意味の場」には、そうした現実には作られなかった物理学に対応するものも、人間が気づかないだけで含まれているのでしょうか。今後作られるかもしれない新たな物理学に対応するものも、すでに準備されているのでしょうか。また、すでに飛び越えられた天動説という意味の場は、どうなるのでしょうか。「間違っていることが明らかになった理論は、それが正しいと信じられていたときにも実在的ではなかった」ということになるのでしょうか。もしそうだとすると、いまは正しいと考えられている理論も、ひょっとすると実在的でないかもしれないということになってしまいます。

　実在論に立てば、いずれも「そのとおり」ということになるでしょう。もちろん、存在しているものの中には、まだ人間に知られていないものも含まれていることは確実です。人跡未踏のジャングルの奥地や、探査機が着陸したこともない惑星の表面には、私たちの知らない物が存在しており、それらがなにがしかの運動をしていることでしょう。

　とはいえ、具体的な物体についてであれば、もしも私たちがそこに足を踏み入れたり、探査機のカメラを送り込んだりすることができたなら、私たちはみな同じようなものを知覚するでしょう。チンパンジーの群れが餌を食べているとか、岩だらけでデコボコの地面だとか。前にも書いたように、私たちは同じような感覚器官をもっていて、同じように物を知覚します。そのことは、私たちが世界について共通理解を作っていくための、証明不可能な前提です。

　しかし、たとえば私の左手を構成している素粒子は、それが知られる前の時代であっても、知られた後の現在であっても、そのように簡単に知覚することはできません。素粒子とは、物理学の歴史の中で、「物質は素粒子で構成されていると解釈するといろいろなことが整合的に説明できるだろう」という思いつきが、さまざまな実験や計算によって正当化されて作られたものです。だとすると、人間が現在のような物理学を作らなければ素粒子は存在しなかったのではないでしょうか。

そこで、前節で立てた最初の問いに戻ります。「私の左手は素粒子の束だ」ということは、物理学の理論体系という人間の認識と関わりなしに成り立つのでしょうか？

私も、存在は「意味の場」に応じて多様な現れ方をするが、それらは人それぞれの主観で勝手に決められるものではないというガブリエルの見方には賛同しますが、他方、その「意味の場」は、人間と関わりなしに存在しているのではなく、人間が創造的な思いつきによって新たに開いていくものではないかと思うのです。そしてそれが他の人にも納得され共有されることで、「正しい事実」が作られていくのではないかと。

だとすると、「天動説は間違っていることが証明された」といって単に切り捨てることもできなくなるのではないでしょうか。第1章で見たとおり、天動説は間違っていることが明らかになったから地動説に取って代わられたというわけではないのです。にもかかわらず天動説が捨てられたのは、どうしてなのでしょうか。

以下では、「正しい事実」がどのようにして作られていくのかについてさらに考えていきます。

二次方程式の解の公式は発見される前から存在していたか

「人間が現在のような物理学を作らなければ素粒子は存在しなかったのではないか」などと言うと、物理学者に怒られそうです。「素粒子の存在は実験によって確認されている。人間は素粒子を発明したのではなく、単にそれを発見しただけだ」と。

しかし、「発見」と「発明」はそれほどきれいに区別できるものではありません。わかりやすい例として、また二次方程式の解の公式について考えてみることにしましょう。

$$x = \frac{-b \pm \sqrt{b^2 - 4ac}}{2a}$$

この公式は、ブラフマーグプタが発見する前にも存在していたのでしょうか？　つまり、公式は「発見」されたのか、それとも「発明」されたのか。先ほどは、公式は「特定の人によって発明されなければならなかった」と言ってしまいましたが、あらためて聞いてみると、みなさんの答えは「イエス」と「ノー」に分かれるかもしれません。

「イエス」と答える人の数学のイメージは、「数学の世界があって、そこにはこれまで知られた定理や公式だけでなく、まだ知られていないものもすべて含まれている。人間はそれを発見するだけだ」といったものでしょう。これは、数学の実在論です。数学という「意味の場」は、人間の認識と関わりなく存在しているという立場です。

それに対して、ご想像のとおり私は「ノー」という立場です。数学の定理や公式は発明されたものだと考えています。

ざっくり言ってしまうと、数学とは、a b c や x y z などの記号と数字を組み合わせ、それらを計算の規則に従って操作するものです。それゆえ、記号を組み合わせた公式は、物理法則に従って動く部品を組み合わせて作った機械と似ています。機械は燃料や電力を投入すると部品が物理法則に従って動き、何か役に立つ仕事をしてくれます。数学の公式は記号に数字を代入すると計算の規則に従って変換され、答えを出してくれます。

そしてもちろん、たとえば自動車や飛行機やコンピューターなどの機械が、人間が発明する前から存在していたなどということはありません。こちらには、一〇〇%の人が賛成してくれるでしょう。

機械は、速く走りたいとか、空を飛びたいとか、自分で面倒な計算はしたくないといった人間の欲求に応えるために発明されました。人間がそうした欲求を抱くことには必然的な根拠はありません。ソシュール言語学の用語でいえば「恣意的」です。人間の生物学的な事情はある程度は関係するかもしれませんが、「速く走りたい」とか「空を飛びたい」などと思わない人もたくさんいることから考えて、これらの欲求が生物学的な必然性から出てきたわけでもないでしょう。また、人間が抱くさまざまな欲求のうちのどれが機械化されるのかということにも必然性はありません。どのような機械が発明されるのかは、歴史上の偶然です。

他方、完成された機械は物理法則に従って必然的に作動します。たとえば自動車は、熱力学の法則に従ってエンジンが作動し、運動法則に従って車体が運動します。自動車が作動するプロセスはすべて必然的です。それゆえ、アクセルを踏んだら必ず自動車は加速し、ブレーキを踏んだら必ず止まってくれるのです。

しかしもちろん、熱力学の法則や運動法則から自動車の設計図が必然的に導き出されるわけがありません。どのような部品をどのように組み合わせたら思ったとおりに作動するのかは、発明家が偶然に思いつくことです。自動車が現在のような設計になっており、いつでも同じように作動することは、発明された後から見れば必然ですが、発明されている現場においては偶然なのです。

こうした機械の発明についての議論は、先ほどの二次方程式の解の公式についての議論と同じ形になっています。二次方程式を解くためには計算の規則に従う必要がありますが、計算の規則から必然的に公式が導き出されるわけではありません。「平方完成すればいいんだ」と思いつくことで、どのような手順で問題を解いていけばよいのかが設計されます。

機械の議論から新たに付け加えるべき論点は、「二次方程式を解きたい」というのは人間の側の恣意的な欲求であって、それを解かねばならない必然性はないという点です。

このように、機械からの類推で数学の公式を考えてみると、「数学の世界が人間とかかわりなしに実在する」という立場よりも、「人間がやりたいことを実現するための道具として定理や公式を発明していく」というイメージの方が、数学の実態に合っているのではないかと思います。**発明される前に自動車が存在しないのと同じように、発明される前に二次方程式の解の公式も存在しない**のです。

自律的な体系

「二次方程式を解くことは人間の側の恣意的な欲求だ」などというと、不可解に思われるかもしれません。数学者以外の人はそんな欲求は抱かないだろうし、数学者であれば誰でも二次方程式を（あるいはもっと難しい数学上の問題を）解こうと思うのではないでしょうか。

この指摘はもっともです。たしかに現在、数学は個人的な欲求や関心に即して研究されているのではありません。そこでまた、機械について考えてみましょう。

たとえば自動車は、物理法則に従って自然に組み立てられてくるものではありません。人間が「速く走りたい」と思って、物理法則を前提として設計し製造したのです。しかし、最初に作った自動車がきちんと走るとは限りません。むしろ、動かなかったり、動いてもすぐ止まったり、ときには爆発したりするでしょう。そこで、そうしたトラブルを解決するための工夫や改良が求められます。最初の「速く走りたい」という欲求は単なる思いつきだったかもしれませんが、実際にまともに機能する自動車を作ろうとすると、その過程で解決するべき問題が、いわば物の側から提起されてくるのです。

さらに、いちど自動車が作り上げられ、あたりを走り回るようになると、今度は自動車の存在自体が問題を提起してきます。たとえば、たくさんの自動車が衝突しないようにしなければなりません。そのために交通ルールが整備され、信号のシステムが発明されました。万一衝突したときに乗員が死なないようにしなくてはなりません。そのためにシートベルトが発明されました。運転中に人をひいてしまったときに責任を取らせるための法整備も必要になります。

このように、最初は人間の恣意的な欲求を満たすために機械が発明されたのかもしれませんが、やがて技術は個々人の欲求や意図を離れ、技術自体が次の発明を求めるようになるのです。技術は、それ自体が生み出しつづける問題を解決するために勝手に発展していきます。**技術体系は自律化する**のです。

「科学技術が暴走する」などという批判をよく耳にします。一昔前は「試験管ベビー」や遺伝子組換え、核兵器や原子力発電所などがやり玉に挙がっていました。最近は人間の遺伝子編集やＡＩ（人工知能）を利用した無人兵器などが取り上げられています。もちろん、それらを欲しがる人や政府などがいるから開発されるという側面はありますが、他方、それらは技術の体系自体が自律的に動いているから発明されてしまうという側面もあります。

科学者や技術者とは、これまでに作られた科学技術の体系に習熟するように訓練された人たちのことです。かれらは、自分の個人的な関心や欲求ではなく、科学技術の体系が求める問題に取り組み、それを解決しようとします。かれらは問題関心を共有しており、たいていは共同で研究を進めています。「一匹狼《おおかみ》」の科学者もいますが、そうした人であっても自分の好き勝手なことを研究しているのではなく、科学技術の体系が求める問題に取り組んでいる限り、科学者コミュニティのメンバーの一人です。

一般に「科学技術は人間の生活を豊かにするためのもの」と考えられていますが、こうした実態を見ると、「科学技術が自らの発展のために人間を利用している」とでも言いたくなるような側面もあるのです。

数学も同様でしょう。最初は（おそらく何千年も前）、農作業を計画するための正確な暦が欲しいとか、耕地の面積や倉庫の容量を調べたいとか、大きな建物を建てたいといった人間の欲求が数学を生んだのでしょう。しかし、数学の体系がある程度大きくなると、数学もまた自律的に発展するようになります。体系の欠けている部分や、体系内で矛盾がある点などを解決するように、体系自体が求めてきます。二次方程式の解の公式がわかったら次は三次方程式、その次は四次方程式。何次方程式まで解の公式が作れるのだろう？　また、二次方程式の解の公式を使うと、答えがゼロ以下になってしまう場合がある。「マイナスの数」を想定しなくては。ところで、マイナスの数に平方根はあるのだろうか？　などなど。

こうして数学者は、自分の個人的な欲求や関心に即してではなく、数学の体系が解決を求める問題に取り組みます。そうした段階になると、「数学の世界は人間の認識と関わりなく存在している」という実在論が正しいかのように思えてしまいます。しかし、**そもそも数学という領域が開かれたことに必然的な根拠はなく、人間の欲求や関心に即してだった**ということは変わりません。

もちろん、これまでに作られてきた数学の体系は存在しています（数学の教科書や数学者の頭の中に）。しかしそれは、現在、自動車や飛行機やコンピューターが存在するのと同じようにして、つまり人間の創造物としてです。それゆえ、まだ証明されていない定理や公式は、まだ存在していません。まだ発明されていない機械が存在していないのと同じことです。

「意味の場」を開くもの

「人間が現在のような物理学を作らなければ素粒子は存在しなかったのではないか」という問いを立ててから、ずいぶんと回り道をしたようです。これまで、数学と機械を取り上げてきましたが、それは物理学が数学と技術のハイブリッドの体系だからです。

私たちの身の回りには、さまざまな物体が知覚されます。私たちの生活の大きな部分は、物体をうまく扱うことで成り立っているといってもよいでしょう。そこで私たちは物体についてさまざまな関心を抱き、それをうまく扱いたいという欲求を抱きます。

物体といっても、生きている物体（生物）と生命のない物体とでは、動き方がまったく異なりますし、私たちにとっての意味も違います。生きている物体の中には人間も含まれます。

そしてもちろん、人間と他の生物にも大きな違いがあります。他の人間は、助け合ったり、ときに敵対したりしてともに生きていく仲間です。その他の生物は食料になったり敵になったりかわいがる対象になったりします。他方、生命のない物体である石や材木（もともとは植物ですが、切り出されて命を失ったあとはただの物体になります）は、他の生物を狩る武器になったり、家や道具の材料になったりします。

こうして、人間を扱う分野（社会学や心理学）、生物を扱う分野（生物学）、命のない物体を扱う分野（物理学）などが、それぞれ別の分野（ガブリエルの言い方をすれば「意味の場」）として立ち上がります。

また、私たちは、同じ一つの物体を別の視点から扱うこともあります。たとえば人間は、私たちの仲間でありますが、他方、生物として扱うこともできますし、単なる物体として扱うこともできます。それゆえ、同じ「人間」を扱うときにも、それをどのようなものとして扱うかによって、適用するべき「意味の場」は異なってきます。人間の社会的な行動を扱うときには社会学が、生物としての行動や身体機能を扱うときには生物学が適用されますし、人間が高いところから落ちたときにどれぐらいの速度で地面に衝突するかは物理学が教えてくれます。

このように、私としては、**「意味の場」を開くのは人間の欲求や関心の持ち方、つまりは人と物との関わり方だ**と考えています（もちろん、だからといって「なんでもあり」というわけではありません。たとえば人間を気体として扱うような視点はたぶん不可能です）。

物理学についていうと、物理学は私たちの身の回りにあるさまざまな物体を、それが具体的に何であるか（人間であるか石であるか月であるか）といったことを無視して、単に質量を持つかたまりと見なし、その運動だけを問題にします。およそすべての物体は、質量と運動という観点から見ることができますから、物理学はこの宇宙に存在するすべての物体に普遍的に成り立つのです。

しかし、物体をこのように見ることには、物体の側に必然的な理由があるわけではありません。ソシュールの用語でいえば「恣意的」です。それゆえ、物理学は物体を理解するときに採用するべき唯一の見方ではありません。物理学者の中には、「この宇宙に含まれるすべての現象（人間の社会生活といったものも含めて）を物理学で説明できる」と思っている人もいるかもしれませんが、それは間違いです。物体の運動として理解することができないもの（たとえば人間の心理とか道徳とか文学とか法律とか政治といった、意味や価値に関わるもの）に対して物理学は無力です。すべてのことが唯一の原理によって説明できるというのは、西洋普遍主義が生んだ神話なのです。

落下の法則はどうして「正しい」のか

物体を質量と運動という観点から見るのは、人間の側の欲求や関心からです。近代的な物理学は一六世紀末から一八世紀にかけて成立しますが、その背景には「大砲をどの角度に設定すればもっとも遠くまで弾が届くか」といったかなり実践的な（実戦的な？）関心がありました。

物理学ができあがった後の時点から見れば、落下の法則（物体の質量にかかわらず落下の加速度は一定）と慣性の法則（物体は外力がなければ等速直線運動を続ける）により、砲弾は放物線を描くので、数学的な計算によって「砲身を四五度にすればよい」とわかります。しかし一六世紀には、そうした法則はまだ発見されていません（これまでの議論からすると、「発見」でなく「発明」と呼んだほうがよいでしょうが、とりあえず一般的な言葉づかいで「発見」と書いておきます）。

先ほどは、「自動車は熱力学の法則や運動法則に従って動く」と言いましたが、物理学の研究とは、そうした法則そのものが「正しい事実」であることを明らかにしていく（作っていく）ことにあります。この節では、物理学における自然法則が数学の公式と同じように「機械」であり、それが正しいことは、実験用の機械がいつも同じように作動することに依存していることを見ていきます。

落下の法則を発見したのは、言うまでもなくガリレオ・ガリレイ（一五六四〜一六四二）です。「ピサの斜塔の上から重い鉄球と軽い鉄球を落とした」というお話が有名ですが、彼自身の本にはそのような記述がみられないので、本当の話かどうかはかなり疑わしいです。実際に鉄球を落としてみるとわかりますが、落ちていく鉄球はすごく速いので観察が困難です。そこでガリレオは、加速を抑えるために斜面を転がして観察しました。

ここでは歴史的な事実はさておいて、私たちが一六世紀の科学者で、自分で落下の法則を確認しようとしていると想定しましょう。周りの多くの人たちは、「重い物の方が速く落ちる」と信じています。そうした考えにも一理あります。鉄球と羽毛を同時に落としてみたら、明らかに鉄球の方が先に落ちるからです。

そこで、重い物も軽い物も同じ加速度で落ちることを示すためには、実際に鉄球と羽毛を同時に落としてみせなくてはなりません。あなたは「なぜ羽毛はゆっくり落ちるのだろう」と考え、「風に吹かれるからだ」と思いつきます。風に吹かれないように、容器の中に入れて落としてみます。でも、やはり羽毛の方が遅い。あなたは、思いどおりに動いてくれない羽毛をなんとかして思いどおりに動かさなくてはなりません。

そこで次に、容器の空気を抜こうと思いつきます。このあたりから、たいへんなことになっていきます。まず、きちんと作動するポンプを作らなくてはなりません。さらに、空気を抜いても大気圧でペシャンコにならない頑丈な容器を作らなくてはなりません。そんな頑丈な容器の中の様子を観察するための手段も必要です。加速度を測定するためには精密な時計が必要ですが、それも作らなくてはなりません。そして、言うまでもなく、こうした機械はすべて発明されなければならないのです。

あなたがすべての実験用の機械を発明し、うまく作り上げたなら、機械はいつでも同じ動作を繰り返し、鉄球と羽毛はいつでも同じ加速度で落ちるようになります。それがつまり、「落下の法則が正しいことが証明された」ということです。

こうした簡単な考察からわかることは、物理学における正しい事実（この場合は落下の法則）は、実験用の機械がいつでも同じ動作をするということ、つまり物体をいつでも同じ仕方で動かすための技術の発明と表裏一体の関係にあるということです。**落下の法則がいつでも成り立つのは、実験用の機械がいつでも同じ仕方で作動するから**です。

さらに、あなたの主張を他の科学者も認めるためには、他の科学者も同じ実験用の機械をうまく作れなければなりません。あなたにしかできない実験には、説得力がありません。あなたがインチキをしているかもしれないからです。ある事実が「正しい」と科学者全員に認められていくためには、誰が作っても同じように作動する実験用機械の作り方や扱い方が共有されることが必要なのです。

なお、ここでは話をわかりやすくするために、あなた一人が仮説を思いつき、すべての実験用機械を発明するという話にしましたが、実際問題として一人の人間がすべての実験用機械をうまく作り上げることは困難です。先に見たように、科学は共同作業によって研究されているので、実験用機械も共同で製作され、改良されていくのが通常です。またそもそも、落下の法則を確認するという問題そのものが、それまでの科学の体系が問うからこそ取り上げられるのです。それゆえ、うまく作動する実験用機械の作り方や扱い方なども速やかに共有されます。

落下の法則を実験で確認しようとしているときには、機械がうまく作動すれば法則が成り立つということになります。しかし、自動車のところで述べたように、最初に作ってみた機械はうまく作動しないものです。動いたり止まったり、ときには爆発したりします。しかも、なぜうまくいかないのかという理由もはっきりわかりません。落下の法則が間違っているからなのか、部品の加工精度が低いからなのか、落下と空気は関係ないのか。いつでも同じように作動する機械を間違いなく作れるようになるのは、いわば試行錯誤の結果です。

しかし、うまく作動する機械が作られ、ひとたび法則が大多数の科学者によって「正しい事実」として認められると、機械を作るときのそうした試行錯誤は忘れ去られ、単に法則が正しいからこそ機械がうまく作動するのだということになります。

法則が正しいと認められるということは、ある対象をいつでも同じように運動させることができるようになるということです。そうなると、物の動きを、記号を規則に従っていつでも同じように変化させる数式に当てはめることができるようになります。法則を関数方程式によって、つまり「数学的機械」によって表現することができるようになるのです。そうなれば、もはやいちいち実験しなくても、結果が計算によって予測できるようになります。

この段階になると、「自然法則は人間と関わりなしに存在している」という実在論的な見方が正しいような気がしてしまいます。しかしそうした見方は、法則の正しさが機械の発明と試行錯誤による改良という人間の側の事情に依存していることを見落としています。**法則がいつでも成り立つこと（必然）は、法則を証明するための機械がいつでも同じ動作をする**

という、**人間の試行錯誤の結晶（偶然）に依存している**のです。

ここでは、落下の法則という一六世紀の物理学が扱った問題を取り上げました。ここから素粒子の存在を実験によって証明するところまでには、実際の歴史では三〇〇年ほどかかっています。ジョゼフ・ジョン・トムソン（一八五六〜一九四〇）が電子を「発見」するのは一八九七年のことです。

この場でその過程をたどりなおすことはできませんし、素粒子の存在を証明するための機械がどのようなものか、詳しい仕組みをここで説明することもできませんが、ともかく、素粒子が存在するということは、非常に複雑で繊細な機械がいつでも同じように作動することと表裏一体であることは間違いありません。

物理学は、それができあがった時点において見てみると、実験と数学によって論理的、必然的に組み立てられているように思え、人間がいなくても自然界には自然法則が実在するかのように思えますが、それが作られている過程を見てみると、**人間の思いつきや試行錯誤によって法則や事実が創造されている**ということです。自然法則は、数学の公式と同様に「機械」なのです。

天動説は「すでに使われなくなった機械」

「意味の場」は人間が物をどのように扱いたいと思うかによって開かれる。そして、物がいつでも誰でも同じように扱えるようになれば、その「意味の場」は妥当なものだということになる。科学理論はそのようにして作られた機械である。このように考えると、「天動説は間違っているのかどうか」という問いにも答えることができます。

第1章で見たように、クーンは、正しいかどうかを決めているのは理論だから、理論同士の優劣を論じることはできないと考えました。では、天動説も「正しい理論」なのでしょうか。しかしそれは、多くの物理学者には受け入れがたい結論のように思われます。

他方、「天動説は間違っているので、それが正しいと信じられていたときにも実在的でなかった」というのでは、現在正しいと信じられている理論も実在的でない可能性があるということになりますから、およそすべての科学理論の実在性が揺らいでしまいます。これもまた、多くの物理学者には受け入れがたいでしょう。

そこで私の答えを一言でいうと、天動説は「現在では使われることのなくなった機械」だということです。

第1章で見たとおり、天動説の理論を使って惑星の位置や日食や月食を正確に予測することができます。つまり天動説の理論は、天体の位置を予測するためにはよくできた機械だということです。それゆえ、現代においても、その気になれば天動説の理論を使って天体の位置を予測することができます。「天体の位置を予測したい」という人間の欲求や関心に応えることができるのです。

ところが、天動説を使って砲弾を正確に飛ばすことはできません。他方、地動説の理論体系（古典物理学）は、砲弾など地上の物体の運動と天体の運動の両方を扱うことができます。天動説と地動説がどのような経緯で入れ替わったのかについては詳細な科学史の研究がありますが、ざっくりと言ってしまえば、地動説は近代における人間の欲求や関心によりよく応えるものだったから、ということになるでしょう。

不便な機械は扱いやすい機械に、特殊な目的にしか使えない機械は汎用性のある機械に取って代わられます。それで、帆船や蒸気機関車は動力船や電気機関車に取って代わられました。しかし、それらは「間違った機械」だから使われなくなったわけではなく、動かそうと思えば現在でもきちんと作動するので、それらを愛好する人たちが保存して運転しています。天動説も同じようなものです。ただ、趣味で天動説を使って天体の位置を予測する人がいないだけです。

自分たちの持っているのとは異なった知識体系を理解するとは、それがいったい何を目的にして、どういう結果を出すために作られた「機械」なのかを理解することです。もちろん、理解することと納得して賛同することは別なことです。理解した結果、「そのような目的はおかしい」とか、「きちんと結果が出ないじゃないか」などと批判するのはけっこうなことです。しかし、「正しさは文化や時代によって異なる」と唱えるだけで実際にどこがどうして異なっているのか考えないことも、「物理学的な真実は一つだから天動説は間違っている」といって切り捨てることも、他者を理解する努力をはじめから放棄している点で、同じように間違った態度です。

ここまでのまとめ

延々と回り道をしてきたようですが、「物理学は数学と技術のハイブリッドだ」ということの意味が、わかっていただけたでしょうか。そして、私が「人間が現在のような物理学を作らなければ素粒子は存在しなかったのではないか」という問いを投げかけた理由が、さらには私がその答えとして「そのとおり、存在しなかった」と考えていることが、わかっていただけたでしょうか。念のため一言でまとめておくと、**科学における「正しい事実」は、人**

間がある対象を思いどおりに動かすことができる「技術」と表裏一体のものとして発明されるということです。

これまでの章と比べて、この章はずいぶん小難しい話になったかもしれません。ここまでの話の流れ全体を簡単にまとめておきましょう。

まず、私たちの身の回りにあるさまざまな物体について、それがどのようなもので、どのように動いているかといったことを、感覚器官を通じて知覚します。私が知ることができるのは私の意識に現れたものだけなので、私以外の人がどのように知覚しているかを知ることはできないのですが、私たちは自分が知覚している物体を他の人もおおむね同じように知覚していることを前提として、共通の理解を作っていきます。このことを否定して、「知覚は人それぞれ」とか「事実は人それぞれ」などと言い張る人たちとは、ともに生きていくことができません。

私たちが世界についての知識を得るのは感覚器官を通じてですが、だからといって「各人が自分の目で見たことがそれぞれに正しい」などということはありえません。自分の目で見ているはずにもかかわらず気づいていないこともたくさんあるし、錯視や錯覚といったこともあるからです。そうしたことについては、私たちは人から聞いて学ばなくてはなりません。

目で物を見るといった基本的な知覚においても、正しさを自分で勝手に決めてはならず、正しさは他の人と共同で確認し作っていくものだということです。

また、私たちは同じ対象をさまざまな観点から扱うことができます。どのような観点を取るかによって、同じ対象についても取り上げるべき側面や現象が変わってきます。

物理学についていえば、物体が具体的に何なのかを無視して質量と運動としてのみ扱うという観点から物体について研究します。しかし、物体をそのような観点で見ることには物体の側に必然性があるわけではありません。人間の側の欲求や関心からそのように見るのです。

こうして、人間の側の欲求や関心によって物理学という「意味の場」が開かれます。そして、物体の運動がどのような法則に従っているのか、物理学者が仮説を思いつきます。仮説は、それまでの理論体系や論理にもとづいて立てられますが、論理によって必然的に導き出されるものではなく、仮説を思いつくことは独創的な飛躍です。

しかし、仮説を思いついただけでは、それが「正しい」ということにはなりません。どのような仮説を思いつくかは「人それぞれ」かもしれませんが、そうした思いつきが正しいかどうかはまた別のことです。仮説が正しいことを示すために実験を行わなくてはなりません。しかし実験は、誰がやってもいつでも同じ結果が出るというような簡単なものではない。仮説が厳密であればあるほど、それを検証するためには、いつでも正確に同じように作動する精密な実験用機械が必要です。そして、どのような機械を作ればよいのかもまた、物理学者が思いつかなくてはなりません。機械が思いどおりに作動すれば仮説が検証されたということになりますが、機械がうまく作動するかどうかは試行錯誤の結果にかかっています。

ともかくもうまく作動する機械が完成すれば、その実験に取り組んでいる人にとって仮説は「正しい」ということになりますが、それが物理学において「正しい事実」になるためには、他の科学者にも認めてもらわなくてはなりません。そのためには、うまく作動する機械の作り方や扱い方が共有される必要があります。そして、みんなが実験対象物を同じように思いどおりに動かすことができるようになっていきます。そのときはじめて、みんなが認める「正しい事実」が成立するのです。

物理学における「正しい事実」はこのようにして作られていきます。基本は、その他の科学分野でも同様です。「正しさは人それぞれ」でも、「物体の側や自然界に人間と関わりなしに自然法則が実在している」というわけでもありません。**人間は物をいつでも同じように扱う方法を工夫し、その工夫を他の人間と共有することで、「より正しい正しさ」へ向けて合意を作っていく**のです。

「正しい事実」を知るために①：誰が言っているのかを確認する

この章では、直接に知覚できないような「事実」がどのようにして作られるのかということを主に検討してきました。つまり、科学において「正しい事実」がどのように作られるのかということです。ここで論じたことは、科学者が仮説を立て、実験をし、その結果を他の科学者たちが検討し、共有していくというプロセスによって正しさが作られていくということでした。

もちろん、科学の分野によっては実験することが困難な場合もありますし、歴史学のように、普遍的な事実（法則）ではなく一回的な出来事や事件についての事実を明らかにする学問分野もあります。とはいえ、正しさは共同作業によって作られていくものであって、「人それぞれ」に勝手に決められるものではないという点については、いずれの科学でも同じです。

それはそうとして、この本を読んでくれているみなさんの大多数は科学者ではないと思います。ひょっとすると科学者の方もおられるかもしれませんが、現代では科学は細かな専門分野に分かれています。たとえば物理学者のみなさんは、物理学においてこれまでに作られた「正しい事実」を知ったうえで、新たな「正しい事実」を作るために日々努力されているでしょうが、生物学や心理学の研究に参戦してはおられないでしょう。そもそも、他の専門分野については、失礼ながらそれほど詳しくないのではないかと思います。こうしたことは、すべての分野の科学者について言えます。

つまり、私たちは科学者であってもなくても、「正しい事実」作りに参加するよりは、他の人たちが作った「正しい事実」を受け取ることの方がずっと多いのです。そこで、この章の最後に、「正しい事実」をどのようにして知ればよいのかということについて、簡単に考えておきたいと思います。

最近はインターネットが普及していて、スマホなどを使って気軽にさまざまなことを検索することができます。しかし、インターネットは誰でも書き込みができるので、「これこそが正しい答えです」と自称するウソであふれています。自分が根拠もなく思いついたことを、「正しさは人それぞれ」といって発信する人がたくさんいるようです。

最近読んだ週刊誌の記事によると、ネット上では「新型コロナウイルスのワクチンにはマイクロチップが埋められていて、5G通信で操作される」とか「ワクチン接種したら体が磁気を帯びて金属がくっついた」などといったデマが流れているそうです。さすがにそれは冗談として流通しているのではないかと思いますが、「ワクチン接種で不妊になる」といったことをまことしやかに流布している人もいるようです（「まだネットに出るワクチン陰謀論あなたは信じる？　若者に聞いた」、『週刊朝日』二〇二一年八月二七日付）。

記事では、デマの背景を「政府不信の表れだ」と解説する学者の意見や、コロナウイルス感染症の流行を「権力者による大衆操作の一環」と主張するネットユーザーの声などを紹介した最後に、こう結んでいます。「何を信じるかは人それぞれではある……」。

「人それぞれ」と言っておけば、「ワクチン接種で不妊になることはない」と証明する必要はありませんし、「コロナウイルス感染症の流行は権力者による大衆操作の一環」と主張する人と論争する必要もありません。自分も相手も気分を害することはありませんが、話し合った結果お互いが「より正しい答え」へ向かって成長することもありません。

もちろん、他人が何を信じていても、それで人の迷惑になるような行動に出ない限り放っておけばよいといえばよいのですが、ワクチンの場合、国民のかなりの割合が接種しないとなると感染症抑止の効果がなくなります。そうでなくても、たとえば自分の娘が「ワクチンで不妊になるから接種しない」と言い張ったら、放っておくわけにはいきません。

とはいえ、私を含めてたいていの人は、ワクチンがどのような仕組みで働くのか、本当に不妊にならないのかといったことをよく知らないのではないかと思います。そういうときには、まずは「ちくまプリマー新書」などの新書（初心者向けの入門書）でけっこうですから、きちんと学識のある人が解説している本を読んでみるとよいでしょう。

などと言うと、「関心のある分野のすべてについていちいち本を買って読むのは大変だしお金もかかる」といって嫌がられるかもしれません。「やっぱネットで検索でしょ」という方が多いのではないかと思います（ただ、安易に手に入れられるものの価値は低いという一般的な傾向があるので、価値あるものを手に入れたいのであればある程度はお金と手間をかけたほうがよいとも思いますが）。

そこで、とりあえず誰でもすぐにできる「インターネットで正しく知る」ための対策を一つ書いておきます。それは、**誰が言っているのかを確認すること**です。

先に挙げたようなデマは、ツイッターやフェイスブックなどのＳＮＳ（ソーシャル・ネットワーキング・サービス）を通じて拡散するようです。ＳＮＳには誰でも書き込みをすることができる上に、実名でなくペンネームで書いている人が大半のようです。なので、ＳＮＳ上の情報は、いったいどういう人物が書いたものか不明です。匿名やペンネームの人が言っていることは、信用しないのが得策です。

デマが拡散すると、ＳＮＳ上の多数の人たちが同じようなデマを書き込むようになります。多数の人が同じことを言っていると信憑《しんぴょう》性があるような気がしてしまいますが、匿名の人が何万人も同じことを言っていても信用することはできません。正しさは多数決で決まるわけではないからです。

また、ＳＮＳには実名で発信している人もいますが、実名で書かれたものについては、その名前をネット検索してみて、どういう肩書の人なのかを確認するとよいでしょう。現在、日本の大学は教員の名前や主要業績を公開していますから、もし大学教員などであればヒットするはずです。たぶん、ワクチンについてのデマを流しているのは、大学の医学部教員とか生物学研究者などではない、つまり医学や生物学の学識のある人ではないと思います。そういう人の言うことも、信用しないのが得策です。

なお、ＳＮＳのプロフィール欄に「研究者」や「医師」などといった肩書を自称している発信者もいますが、自称は信用せず、それが本当かどうか客観的に確認するようにしましょう。

要するに、「正しい事実」は科学者が作っているので、まずはその分野が専門の科学者の言い分を聞くのが妥当だということです。**多くの人が、その情報は誰が言っているのかを確**

認することを習慣化するだけで、デマはかなり抑えられるのではないかと思います。

しかし人間には、気になる情報を聞くと他の人に伝えたくなる習性があります。アレグザンダーの間接互恵の理論のところで、人間社会において評判が重要な役割を果たしていることを見ました（113ページ）。人間には人や物の評判（とくに悪い評判）を他の人に伝えることに喜びを感じる感性があるのです。そのために、不確かであっても評判に関わるような情報は急速に拡散してしまいがちです。たとえばワクチンについての悪い評判が急速に拡散するのは、多くの人がそうした人間の習性に従って行動した結果です。

このように言うと、「デマを広げるのは人間の習性だからしかたがない」という悲観的な気分になるかもしれませんが、その一方で、人間には**不確かなことを確認することに喜びを感じる感性**もあります。それゆえに、人類の歴史において科学が発展してきたのです。また、SNS上の情報が本当かどうかを判定する「ファクトチェック」をやっている人もいます。ただしこちらの感性は、その情報が不確かだと思わなければ反応しません。不確かな情報を拡散する人よりもファクトチェックをする人のほうが少数なのはそのためです。

そこで、多くの人に、匿名の人や肩書が不明な人の言っていることは不確かだと思う習慣をつけてほしいと思います。そして、ネットで仕入れた情報を他の人に拡散する前に、その情報が信用できるものかどうか（少なくとも、どういう肩書の人が言っていることなのか）を確かめる習慣をつけてほしいと思います。

人間には、不確かな情報をいちど他人に伝えてしまった後には、その情報を否定するような情報を受け入れなくなる習性もあります。自分が間違った情報を人に伝えてしまったと認めることは、自分がウソをついたと認めることになるからです。後から新しいことを知って考えを改めるのは決して恥ずかしいことではなく、むしろ望ましい態度だと思うのですが、多くの人は、いちど表明した意見を変えることは「恥」や「負け」だと思うようです。なので、**人に伝える前に確認する習慣**をつけることは、本当に大切です。

そこでたとえば、「ワクチン接種で不妊になる」と言っている人の大多数が匿名やペンネームであったり、医学や生物学の専門家でない人たちであったりした場合には、逆に、研究者や研究機関などがどのような見解を公表しているかを調べてみるとよいでしょう。また、ファクトチェックをしている人や新聞社など報道機関のサイトなどを見てみるのもよいでしょう。このようにして、一回か二回でも自分自身で実際にファクトチェックをやってみれば、その面白さに目覚めるのではないかと思います。

しかし、そうやってあなたが知識をつけて、「ワクチンを打つと不妊になる」と信じているあなたの娘に対して上から目線で「ワクチンには子宮や卵巣に影響を与える物質は入っていないから心配ない」などと解説したら、なかなか受け入れてくれないかもしれません。あるいは、「ワクチンは大衆操作のための権力者の陰謀」という説を信じている友達に対して「あんたの言ってることデマやで」などと言ったらさすがにケンカになるでしょう。

そんなときには、「その話、誰から聞いたの?」とやさしく問いかけてあげましょう。あなたの言うことは聞かなくても、自分で調べて納得するのではないかと思います。

「正しい事実」を知るために②：複数の情報を確認する

このようにいうと、「そんなのはエリート主義だ」とか「権威主義だ」と思われるかもしれません。「科学だって絶対正しいとは限らないではないか」と。たしかに私も、この本の「はじめに」で、「科学者であっても正しい答えを教えてくれるとは限らない」「権力者は自分たちに都合のよい説を主張する科学者たちを重用しがち」といったことを述べました。それなのに、今になって「専門家の言うことを調べてみよ」というのはどういうことか。

そこで、二つ目の「正しく知る」ための対策を述べます。こちらの方は、一つ目の対策よりも少しだけ大変です。それは、**複数の専門家の見解を調べてみる**ということです。個々の科学者はそれぞれの見解を持っています。その中で誰か一人の見解を見ただけでは、それが正しいのか間違っているのかを判断することはできません。そこで、複数の科学者がどのような見解を持っているかを調べてみるのです。そうして調べていくうちに、**専門家たちの大勢がどのように考えているのか**がわかってきます。それはしばしば政府の方針や公式見解とは異なっていますし、テレビに出てくる専門家や自分のかかりつけのお医者さんの言っていることと異なる場合もあります。

　この章で見てきたように、科学技術はこれまでの体系を踏まえて自律的に発展していくものです。その体系の中にきちんと位置づけられる知識が「正しい事実」で、これまでに知られている知識体系と矛盾するものは「間違い」です。それゆえに、ネット上で流れている情報が正しいか間違っているかを判断するためには、これまでの科学技術の体系を理解している必要があります。

　科学者とはそうした知識体系に習熟し、それを共有している人たちですから、現時点では「正しい事実」として確立されていないことについても、科学者たちの見解が完全にてんでんばらばらということはなく、基本的な方向性に関する合意はあるものです。**少なくとも、「これはありえない」ということについては合意がある**ことが多いです（「正しさは人それぞれ」とか「絶対正しいことなんてない」などと唱える人たちは見落としがちですが、「絶対間違っていること」はあるし、そうだということも比較的容易にわかります）。

とりあえずは、そうした科学者コミュニティ全体としての基本的な方向性を把握し、現時点において信用できるものとして受け入れておくのが、専門家ではない私たちにとって得策です（ただしそれはしばしば変更されるので、最新の情勢をフォローすることも必要です）。また、調べていくうちに、あなた自身にある程度の知識が身についてきて、信用できる情報なのかそうでないのかを見分ける力がついてくることでしょう。

もちろん、科学者の中には、主流派の方向性に対して批判的な人もいます。ひょっとすると、現在の科学者の多数派が実は間違っていて、少数の批判者が正しかったのだということが後になって明らかになるかもしれません。一七世紀に地動説を唱えたガリレオのように。そうしたことから考えて、現在は正しいとされていることが、やがて「実は間違っていた」ということになるかもしれません。ここでも、「絶対正しいことなんてない」というのは一面の真実ではあります。

しかし、**今後どのような新たな事実が「正しい」とされるにせよ、科学の知識のない人が根拠もなく信じていることが「実は正しかった」とされることは決してない**でしょう。そして、自分の信念や思い込みに一致するような主張をしている「科学者」（ワクチンを接種すると不妊になるとか、放射性物質は危険でないとか、地球温暖化はウソだとか）をネット上に見つけだすことができたとしても、その人がガリレオ級の天才であることに賭けるのは、いささかオッズの高い賭け（あまり当たりそうにない賭け）というものです。

「絶対正しいことなんてない」からこそ、「より正しいこと」を求めていかなくてはなりません。そして、「正しい事実」は個々人が人それぞれに決めるものではなく、これまでの知識体系をもとにみんなで作っていくものです。それゆえまず、「現時点で正しいとされていること」をきちんと知ることから始めなくてはならないのです。

おわりに　「人それぞれ」はもうやめよう

この本では、「正しさは人それぞれ」という主張が事実としても道徳的な態度としてもまちがっていることを論じてきました。あちこち回り道したようですが、言いたいことは一貫してシンプルです。「正しさは人それぞれ」でも「真実は一つ」でもなく、「正しさはそれに関わる人々が合意することで作られる」ということです。

もちろん、「正しさは人それぞれではない」といっても、人はすべてまったく同じだなどと言いたいわけではありません。人は一人ひとり異なる個別的な存在です。しかし、お互いに理解不可能なほど異なっていることはない。人は、同じ生物種として基本的に同じような感覚器官や身体構造を持っており、同じように感じたり考えたりします。事実として、人はそれほど違っていないのです。

だからこそ、考えが異なる他者とでも理解しあうことが可能なはずです。考えの違いの根底には、人間として共通の部分があるはずだからです。「この人の考えていることはわからないな」と思ったときでも、**いったいどういう関心にもとづいて、何の目的でそのように考**

えているのかを聞いてみれば、わかることが多いでしょう。

もちろん、相手の考えがわかったからといって、それを自分も受け入れるかどうかはまた別のことです。受け入れられないと思ったときには、どこがどうして受け入れられないのか、理由を言って説明し、相手の言い分を聞いてみる。それを聞いて、まだ納得できなければさらに問う。そうした手間のかかるやり取りのうえで、ようやくお互いに納得することもできるでしょう。そのようにして、お互いに納得のできる結論を作り上げることができたなら、それが「正しさ」というものです。

相手が私の考えに納得したら、強制などしなくても自分から私の考えに従うでしょうし、自分が相手の考えに納得したら、強制などされなくても自分から相手の考えに従うでしょう。これが「正しさの力」です。暴力や強制でなく、正しさの力によってみずから判断し行動することが望ましい。なぜなら、そうした判断や行動は、事態に適切に対応するものである可能性が高いからです。他方、根拠のない信念や思い込みにもとづく行動が事態を改善させる見込みはほとんどないといってもよいでしょう。

また、残念ながら最終的にお互いに納得するには至らなくても、少なくとも相手には相手なりの根拠や言い分があることがわかれば、誹謗《ひぼう》中傷したり罵詈雑言《ばりぞうごん》を浴びせたりしようとは思わなくなるでしょう。

もちろん、すべてのことについてこのように理想的な解決ができるとは限りません。どうしても理解してくれない相手にはは、最終的には強制しなくてはならないこともあるでしょうし、相手が暴力的に迫ってきたときには逃げた方が得策という場合もあります。しかし、**なるべく暴力をなくして、「より正しい正しさ」を作っていくように努力することが正しいこ**とだと私は考えています。

それに対して、「正しさは人それぞれ」では、お互いが納得することをはじめから目指していません。そうした態度は、一見すると多様な他者を尊重しているように見えるかもしれませんが、相いれない考え方の者同士がぶつかったときには、自分の「正しさ」の暴力的な押しつけあいにしかなりません。だって、各人それぞれの「正しさ」に同じ価値があって優劣がつけられないというのであれば、事実や論理によってどちらが正しいのか決着がつけられないということになるからです。

最近、SNSなどで、自分の気に入らない主張に対して罵詈雑言を吐き、誹謗中傷を行う人がいることが問題になっていますが、そうしたふるまいは「正しさは人それぞれ」と表裏一体のものだといってもよいでしょう。**「正しさは人それぞれ」は、自分自身の正しさの根**

拠や理由についても考えない態度を助長するからです。

お互いに納得するためには、自分が相手の考えを理解するだけでなく、相手に自分の考えを理解してもらわなくてはなりません。そのためには、自分の考えが正しい理由として、相手も納得するような客観的な根拠を示さなくてはならない。それはそれでたいへんに手間のかかる作業です。客観的な根拠を示すためには、調べなくてはいけません。世界についてのすべての事実が頭の中に入っている人などいないでしょうから。

最近ではインターネットで気軽に検索することができますが、インターネットにはウソの情報もたくさん掲示されています。その中から、より信頼性の高い情報を見極めることもなかなか手間がかかります。第4章の最後で、その第一歩が「誰が言っているることかを確認すること」、第二歩が「複数の専門家の見解を調べてみること」だと説明しました（さらに詳しく知りたい人は、『コピペと言われないレポートの書き方教室——3つのステップ』〈新曜社〉や、『人をつなぐ対話の技術』〈日本実業出版社〉を読んでください）。

しかし、「正しさは人それぞれ」と言ってしまえば、そうした努力をしないで済ませることができてしまいます。

近年、「正しさは人それぞれ」と手をたずさえて広がっている風潮に、「感情の尊重」があります。第3章で見たように、人間は不正に対して怒りを感じる感情的な傾向があります。感情は眼前の状況に対する反射的な反応です。自分でも理由がよくわからないままに、「やつは不正だ」という思いが自分の心に到来します。自分自身の正しさの客観的な根拠や理由を考えない人は、この感情を正しさの根拠だと思ってしまいます。「自分が正しいと感じるから、自分にとっては正しいんだ」と。

しかし、そのように思ってしまうことは極めて危険です。感情、とくに不正に対する怒りの感情は、人間を暴力に駆り立てるからです。感情に従うと、相手のことを理解する前に攻撃することになりかねません。

ある一人の人に知覚される状況は、一面的なものにすぎません。相手がどういう思いでそう言ったのかとか、そう思うに至った背景や経緯は何なのかといったことは直接目には見えません。感情は、そうしたものに思いをいたすことなく反射的に作動してしまいます。それゆえに、自分の感情だけを根拠にして正しさを決めることはできないのです。

にもかかわらず、近年「感情の尊重」という風潮が広がっています。これは、感情が、自分の主張の客観的な根拠を示すという面倒なことをしなくても、ラクに自分の考えの正しさを保証してくれるように思えるからです。

第1章の最後で、「正しいかどうかは自分の感じ方で決まる」という主旨の歌謡曲が増えていると書きました。もちろん、感じ方でどうこうなる場合というのもあるのでしょう。「自分はダメな奴だ」と思っていたら何事もうまくいかないが、「自分もそんなに捨てたもんじゃない」と思ったらうまくいくようになるとか（まあ、実際のところはそんな簡単にうまくいくことはないと思いますが）。

しかし、ほとんどの場合は、感じ方を変えたからといってどうこうなるものではありません。今日食べ物を買うお金がないほどの貧困に追い込まれた人が、「自分は幸せだ」と感じ方を変えてみたからといって、お腹がふくれるわけがない。

何か困難な状況に直面したときには、感じ方を変えるのではなく、状況を変えることの方が大切です。しかし、状況を変えるのはたいへんなことです。多様な他者と連帯して大きな運動の流れを作らなくてはなりません。**「なんでも感じ方しだい」というような言葉は、困っている人を励ますよい言葉のように見せかけておいて、その実、困っている人を困った状況に放置する態度を助長する言葉**です。

人間は一人では生きていません。自分とは異なる他者とも助け合って生きていかなければなりません。それなのに、「正しさは人それぞれ」とか「何でも感じ方しだい」といった、お互いに理解しあい助け合うことを拒否する態度が蔓延《まんえん》するのはとても困ったことです。

第1章の最後で、「いまこそ、どうしたら多様な個々人が抑圧されないようにしながら多数の人たちが連帯できるのかという大きな課題にもういちど真剣に取り組まなければならない」と書きました。どうしたらよいのか、わかっていただけたでしょうか。あるいは少なくとも、私がどうしたらよいと考えているのかはわかっていただけたでしょうか。

一言でまとめると、「人それぞれはもうやめよう」ということです。「人それぞれ」と言ってしまいたくなったときにも踏みとどまって、相手のことを理解し自分のことを理解してもらおうとする努力を放棄しないことです。

最後に謝辞を。

この本は、徳島大学総合科学部で授業をしながら考えてきたことをまとめたものです。私は毎回の授業の後に学生さんに短いレポートに書いてもらって、それをもとに次の授業を組み立てています。レポートに「考え方は人それぞれだ」などと書くたびに、「人のことはいいから、自分の考え方を書いてください」と言われつづけた学生さんたち、きっとうんざりしたに違いありませんが、それでもがんばって自分の考えを根拠づけて書く練習を続けたことは、きっとみなさんの力になったはずです。

また、受講生の少ない哲学の専門科目の授業を取ってくれた浅原大賀さんと外舘健人さんには、「こないだまで高校生だった目線」で原稿の読みにくいところやわかりにくいところを指摘してもらいました。正直者の二人が「たぶん、高校生が読んでもおもしろいと思います」と言ってくれたので、たいへん安心しました。

同僚の新田元規さん（中国哲学）、熊坂元大さん（環境倫理学）、内山八郎さん（社会医学）、吉岡宏祐さん（アメリカ現代史）、渡部稔さん（分子生物学）には、草稿の段階で読んでいただいて、有益なコメントを多数頂戴しました。それにもかかわらず内容のおかしなところなどが残っていたとしたら、もちろんそれはすべて私の責任です。

この本が、みなさんが「当たり前」と思っていることを考え直すきっかけになり、みなさんの成長のきっかけになったとしたら、とても嬉《うれ》しいです。本文中に、私がこれまでに書いてきた本をいくつか紹介しておきました。この本で書いたことがさらに詳しく論じてあります。そちらも手に取っていただけたら、さらに嬉しいです。

二〇二二年三月　　　　山口裕之

ちくまプリマー新書

ちくまプリマー新書405

「みんな違《ちが》ってみんないい」のか？　相対主義《そうたいしゅぎ》と普遍主義《ふへんしゅぎ》の問題《もんだい》

二〇二二年七月十日　初版第一刷発行
二〇二四年二月十日　初版第六刷発行

著者　山口裕之（やまぐち・ひろゆき）

装幀　クラフト・エヴィング商會

発行者　喜入冬子

発行所　株式会社筑摩書房
東京都台東区蔵前二－五－三　〒一一一－八七五五
電話番号　〇三－五六八七－二六〇一（代表）

印刷・製本　株式会社精興社

ISBN978-4-480-68430-1 C0210　Printed in Japan